Geschenke
des
Himmels
&
der Erde

Martina Silvia Glatt

Geschenke des Himmels & der Erde

Martina Silvia Glatt

Diese Spurensuche aus dem Chiemgau
über Geomantie & Kräuter & Märchen
ist entstanden in den Jahren 2001 – 2006
bei der Arbeit von
„Alte Wege neu gehen"
(Exkursionen & Seminare & Hausbegehungen)

4. Auflage 2008
Urheberrechte bei der Autorin:
Martina S. Glatt, Aschau
www.alte-wege-neu-gehen.de

ISBN: 978-3-00-018619-6

Im Eigenverlag

Inhalt

Bitte

Möge Göttin / Gott / Hl. Geist diese meine

Wege weiterhin segnen,

mein Herz offen halten für die

Liebe & die Lebenslust,

offen für das Lernen und das Lehren

voller Lachen und Weinen,

offen für das in der Leere Losen und

offen für das Hin–zu–Hören,

um das zu tun, was wirklich not-wendig ist,

offen für das Bitte & Danke.

Mögen diese gesegneten Wege

alle, die mich begleiten und die ich begleite,

und mir selbst,

den einfachen Weg der Heilung

weisen.

Möge dieses Buch meinen Großmüttern gefallen.

So sei es.

Einladung zum Losen & Lesen

„So, jetzt los amoi!" - mit diesen Worten schickte mich meine niederbayrische Oma als Siebenjährige mit einem Haselnussstecken los in den Obstgarten. Weil ich gar nicht wusste, was mir geschehen könnte, tat ich gar nichts, außer gehen, bis die Wünschelrute nach unten zog und ich vor Aufregung mir beinah „in die Hosn" gemacht hätte. Das war mein erstes ganz bewusstes Loserlebnis!

Vielleicht ist für mich dadurch das „Losen" das bayrische Wort für Geomantie geworden, dies ist freilich eine rein persönliche Interpretation, aber eine, die beim „Weiterspinnen" der Wörter Spaß macht und dann durchaus Sinn ergibt! Ich bin überzeugt, dass unsere Vorfahren, noch nicht überfüllt von Informationen und Tönen, alle diesen sogenannten 6. Sinn besser geschult hatten und MeisterInnen des Losens waren! Spürst du, wo ein guter oder schlechter Platz ist? Wo liegt Deine Katze? Warum zieht`s Dich immer zu bestimmten Orten? Was ist ein Hausschutz / segen ohne Feng Shui zu brauchen? Warum ist der Holunder eine Segen am Haus und wie kann ein Schlupfstein heilen?

Bei meiner Arbeit als Reiseleiterin suchte ich zunächst in fernen Ländern nach dem alten Wissen über Volksmedizin / Brauchtum und ich suchte die alten Kultplätze, heute Kraftorte genannt.

Nach meiner Ausbildung zur Chiemgauer Gästeführerin, war schnell klar: Wir haben die Schätze vor der Haustüre, viele wundervolle, kraftvolle Wege!

Alte Wege – Wege der Kraft – Wege des alten Wissens – PilgerInnenwege – Mystische Wege – Zauberwege – Kräuterwege – Wege der weisen Frauen – Heilwege – Alte Wege – und ich bot eigene Exkursionen unter dem Motto: „Alte Wege neu gehen" an.

Alte Wege können uns berühren und unser Gespür wieder wecken.

Alte Wege helfen, die eigenen Wurzeln wieder zu finden, Kraft zu tanken und unser Herz zu öffnen. Alte Wege sind: altes Wissen zu erfahren, über traditionelle bayerische Volksmedizin, bei der Religion – Medizin – Physik – Chemie – Kunst eng verwoben waren.

Dieses Wissen über Kräuter, Geomantie, Brauchtum im Jahreskreis und die Sagen/Märchenwelt als auch die Wunder am Wegesrand unserer Heimat weiterzugeben, war ein Hauptinhalt von „Alte Wege neu gehen".

„Geschenke des Himmels & der Erde", nun in der 4. Auflage, sei eine Annäherung an diese Themen. Es ist zu einer Spurensuche im Chiemgau geworden. Es ist nicht objektiv, erhebt keinen Anspruch auf Vollständigkeit und ist in den einzelnen Themen manchmal nur ein bisschen gerecht geworden. Hierzu gibt es aber eine große Anzahl an Literatur, siehe Verzeichnis am Schluss! Kleine Fehler bitte ich auch zu verzeihen, mein Hauptanliegen ist aber wie gesagt, wie auch bei meiner Arbeit:

Euch neugierig zu machen auf die eigene Spuren & Wurzelsuche, aufs Losen, Wandeln, Zaunreiten & Spaß haben beim Lesen!

Neu gehen heißt für mich, sich berühren lassen, verzaubern lassen, unsren 6. Sinn eben wieder zu schulen!

Neu gehen heißt für mich auch, in neuen Ritualen (ohne neues Dogma), mit singen, tanzen & Gebeten anzuknüpfen an alte Traditionen – in meinem Falle ist es die Tradition der weisen Frauen!

Gutes Losen beim Lesen heißt, bitte mein Augenzwinkern zu hören oder eben umgekehrt!
Ich freu mich auf ein Wiedersehen oder Kennenlernen bei meinen Veranstaltungen oder einer Hausbegehung oder irgendwo am Berg!

Eure Martina Silvia Glatt

ANNAtag 2008

Losen & Geomantie & Rituale eine Annäherung

Losbrauchtum: Bestimmte Techniken, Riten des Losens, die oft eng mit den Lostagen in Verbindung stehen und das viele „Mantikarten"(Wahrsagungsarten) beinhaltet.

Lostage: Könnten als Orakeltage bezeichnet werden, vor allem die Wetterbeobachtung an diesen Tagen ist wichtig, um die weitere Wetterentwicklung im Jahr vorhersehen zu können - hierzu dienen eine große Anzahl von Sprüchen im Bauernkalender.

Losen / Lusen: Hinhören, ein Hinhören mit allen Sinnen, ein Hinhören mit dem Herzen, ein Hinhören mit dem 3. Ohr, ein Spüren / s`Gspür haben / Spuren gschpürn …

Geomantie: Übersetzt Erdwahrsagung, dazu gehört die Radiästesie(Rutengehen), Feng Shui u.a. –„ Strukturen"der Erde erkennen, damit arbeiten, heilen.

Gaiamantie – heilWeise Geomantie – Geomantie der weisen Frauen –regelLose & heilsame Bündnisse & Wandlung - Nahrung in „der Schwarzen" mit „sogenannter dunkler Strahlung" – schwarze Madonna – unsichtbar– bekannt – einfach – unordentlich – Spaß - Drachengelächter …

Bevor ich lose (geomantisch arbeite) sollte ich bekanntlich leer sein, also erst mal los-lassen = das Los es lassen= meine Arbeit in göttliche Hände geben !
Hilfreich dabei : Wasser (über Arme und Kopf) oder darüber stehen …
Rauch : Räuchern mit reinigenden, den Alltag –Ego verabschiedenden Kräutern und Harzen !
Jegliches Losen (Pendeln, das Los entscheiden lassen, Karten legen, Ruten gehen, Wetterlosen…), bei dem ich nicht losgelassen habe und ich aus Machtgedanken heraus lose, ist also eigentlich kein wirkliches Losen. So galt auch jegliches"Los werfen" bzw. Orakeln nie als unehrenhaft, sofern es um die Erkundung göttlichen Willens ging. Bekanntlich beschränkte die Kirche seit dem Mittelalter den göttlichen Willen auf die Bibel und einige wenige Personen, worauf offiziell nur noch das „Bibellosen" erlaubt war. Gott/Göttin/ Hl. Geist sei Dank, dass die Leut trotzdem "weiterlosten" und uns dieses Wissen überliefert haben , sowie mir eben meine niederbayrische Oma, die als Wasserschmeckerin im Dorf bekannt war, das Rutengehen beigebracht hat.
Es ist wohl jetzt die Zeit, dieses alte „Loswissen" wiederzuentdecken und neu zu beleben!
Dann mögen wir das große Los ziehen: Am richtigen Ort zur richtigen Zeit das Richtige loszulassen & zu tun!

Lostage, die so seit Jahrhunderten bzw. eher seit Jahrtausenden im bäuerlichen Jahreskreis gelebt werden, sind also Tage, an denen es leichter ist zu losen. Aber es ist wohl auch dementsprechend wichtig, das Richtige am richtigen Platz zu tun, das sogenannte Brauchtum. Es ist der Brauch, es zu tun, also braucht`s es zu tun, also ist es wohl wichtig zu tun? Nun drängen sich sicherlich die „Warum /Was/Wann"- Fragen auf, hier verweise ich auf bekannte Bauernkalender und " Brauchtumsdurchsjahrbücher", die ein wahrer Fundus sein können, und in denen alles Wichtige bereits steht. Wetterbilder lassen sich durchaus auf andere Lebensumstände übertragen! Ein harter Winter ist ein harter Winter und bedeutet viel Arbeit mit Frau Holles „Arbeitsgeschenken", aber er bedeutet eben auch ein fruchtbares Jahr (siehe Frau Holles Segen & Goldregen für die Goldmarie)! Gewitterneigung heißt auch in anderen Lebensbereichen mit allerlei Spannungszuständen rechnen zu können. Und so lässt sich eben jegliches Wetterlosen übertragen.

Das Wie, im Hier und Jetzt als „Nichttrachtenvereinsmitglied" & „NichtzurKirchejaundamensagerin macht allerdings das Losen an sich notwendig ! So mag uns eine bäuerliche Wetterregel als altmodisch, witzig oder unwichtig erscheinen. Aber erstens sind wir ja Spiegel unseres Wetters (siehe Fön und Schnee ...), und zweitens täten wir ziemlich gut daran, wieder Achtung vor allen Elementen zu haben und ihnen, in ihrer Göttlichkeit und Macht, die Ehre zu erweisen !

Bei jeglichem Losen ist nebst dem Loslassen die Formulierung der Fragestellung, des Anliegens wichtig. Je klarer und deutlicher ich meine Bitte zum richtigen Zeitpunkt formuliere, erbete, ersinge (siehe Flurumgänge u.a. Brauchtum)desto kraftvoller, klarer die Wirkung, Antwort, Wandlung. So wird Brauchtum zum BrauchTUN !

Rituale wie Räuchern, Feuer und bestimmte Wege zu gehen und Plätze zu besuchen, sind dabei eine bewusste Handlung, die das Beten, Anrufen, Losen, Lösen, Heilen, Meditieren unterstützen. Wir sind dadurch "loserder" (aufmerksamer) und "gesammelter"!
Rituale, im Jahreskreis eingebunden, werden verstärkt durch die Qualität der Zeitpunkte und ihrer Kraft!
Dabei können Rituale alle Facetten des Lebens haben, von innig, kraftvoll, traurig bis ausgelassen, fröhlich & gspaßig.
Logischerweise haben sie auch die dementsprechende Wirkung!

GELÜSTE LOS-ERDE

GELÖST HAB I MIT GELUST UND
GELÜSTIG & GEH-LÜSTIG LOS ICH
WEITER
EBEN
DESWEGEN

Diaf schaugn mog i ned
so gern
erdspiegel – er spiegelt
was i ned oschaugn mog
so gern
bis i spispasparifankerlmaßig
lacha konn üba mi

ZAUN RAITN
HEILIGE ZAIN
GEHAITE
GEFAIDTE –
HAID
UMIFLIAGN & UMISCHAUGN &
UMILOSN UMANAND
INS GHAIDE GFAIDE LAND
NIMMA ZHAID

GAIA

Liachtmeß

(Imbolg /Frühlingsbeginn), war dieser Zeitpunkt wohl durch all die Jahrtausende hindurch bis heute vor allem ein Fest des Lichtes. Das Licht nimmt wieder spürbar zu und allein dies ist ja schon ein Grund zur Freude ! Bei den Kelten war es ein Feuerfest, der junge Sonnengott und seine junge wartende Brau, die Erdgöttin & Brigid als Hüterin des heiligen Herdfeuers wurden gefeiert.

Das Herdfeuer an ihrem heiligen Feuer neu entzündet , segnete das Haus fürs neue Jahr. Selbige Funktion hatte die Göttin Hestia in Griechenland, nur mit ihrer Präsenz & ihrem Segen wurde ein Tempel , ein Herdfeuer heilig.

Ähnliche Funktion übernahmen die Vestalinnen in Rom: Ihr heiliges Feuer & ihre Jungfräulichkeit waren verantwortlich für das Wohlergehen des römischen Reiches! Aus Brigid wurde die Hl. Brigitte in Irland und bei uns wurde aus einem Jahrhunderte lang begangenen Marienfestes (Maria Reinigung) nun : " Darstellung des Herrn". Aber es war eben doch Maria, die ihr geborenes Licht (Jesus) in den Tempel brachte! Es war sicher schön, wenn frau" frühers" (vor der Liturgiereform 1969) ihren Kerzenvorrat fürs Jahr von Maria hat segnen lassen können - nun hat dies ja auch wieder ein männlicher Vertreter eines (männlichen ?) Gottes zu tun … !

Wo ist Mutter Erde & Hestia & Brigid & Maria mit ihrem schützenden Mantel und das Lichtmeßfeuer geblieben?

In Aschau , wo in der Pfarrkirche an Lichtmess Patrozinium (Zur Darstellung des Herrn) gefeiert wird, dort steht „matroziniumstechnisch" eine wunderbare Schutzmantelmadonna. Unter ihrem Mantel zünden wir die Kerzen an - sonst nirgends !

Und das alte Brauchtum mit Kerzenweihe & Dienstbotenwechsel & Schlankltagen? Was bleibt, ist die Energie dieser Tage und viel Freude beim Neubeleben des Brauchtums !

So wie für die Dienstboten frühers sich die Frage des Arbeitsplatzwechsels nur zu diesem Zeitpunkt gestellt hat und sie ihren Jahreslohn am heutigen Tag erhalten haben, bedeutet es auch für uns :

Wo stehst du, wo gehst du hin? Was hindert dich am Aufbrechen ?
Schüttelst du ab den Winterschlaf deiner Bequemlichkeiten deines „es passt eh schon wie es ist „ ?
Was stellst du in diesem Jahr ans Licht, in die Klarheit? Was ist deine Vision? Wo ist dein Blick trübe & blind?
Was ist mit deinem Herdfeuer & deinem innerem Herdfeuer?
Welche Verantwortung übernimmst du mit deinem Feuer & deinem Licht?
Fragst du, was zu fragen not-wendig ist?
Siehst und Hörst du, was zu wandeln not-wendig ist?

Läßt du dich segnen von IHR ?

Von Ihr be – wegen
   an – regen
Bis dein Blickwinkel sich verschiebt
Körper, Geist und Seele explodieren
und du staunend stehst im Sog deiner Ein – sichten?

Römische
Wölfin

Liachtmeß z`Rom

Vor drei Jahren bin ich so irgendwie nach Rom geschickt worden, in die
Stadt, in der soviel Macht gebunden und verdreht worden ist, aus der
jetzt noch tönt, dass ich das verkehrte Geschlecht zu einer Priesterin
hätte, eine Hexe sei und obendrein noch krank .In die Stadt in der über
Jahrtausende die Macht der Jungfrauen und des Blutes missbraucht
worden sind. Und da soll ich hin ???
Und so haben wir, sechs Mitpilgerinnen und ich unsere Vision der Wandlung
nach Rom getragen .Gestärkt mit meinem PilgerInnenstab – einem
Holundersteckengeschenk aus dem Kessel der Percht (Chiemsee) und ausgerüstet
mit vielen schwarz-rot-weißen Kerzen & Wachs, erwiesen wir den heiligen
Jungfrauen von Rom die Ehre und hatten viel Spaß am gaiamantischem Wandeln.
Vielleicht wird aus ROMA doch wieder mehr AMOR, und die Wölfin
spricht Klartext über weibliche Spiritualität !

Nach dieser PilgerInnenreise & einer „Kehrauspilgerinnenreise" 2005 nach Rom
empfehlen wir allen jungfräulichen Rompilgerinnen folgendes Quartier :
www.casainternationaledelledonne.org.
Einfache, günstige & ruhige Zimmer nur für Frauen in einem Frauenzentrum
mitten in Trastevere (ehemaliges Kloster) 5 min zur ältesten Marienkirche Roms !
Besucht und beehrt werden sollten außerdem folgende Orte:
S. Prassede & S. Pudentia & S.Maria in Trastevere & S. Maria sopra
Minerva, S. Agnese in fiori di mura & S. Agnese an der Piazza Navona
& sS. Cecilia & S. Clemente und andere alte Blutmysterientempel wie
dem jetzigen Vatikan (Platz der Kybele !)
und natürlich der Vestalinnentempel auf dem Forum , die
„Artemiswölfin" auf dem Palatin … Ausführliche Reiseberichte auf Anfrage.

Danke an alle Mitpilgerinnen , für eure Anliegen – Fragen- Wünsche –
euer Feuer – eure Visionen - eurer Gehen & Wandeln & Lachen…!!!

Dein Lichtmeßherdfeuer & Dein FrauenRaum

Wie brennt dein Feuer ?
Wie schaut deine Küche, der Platz deines Feuers aus ?
Wie achtsam gehst du mit deiner Feuerenergie um?
Wie präsent ist Hestia in dir, bist gern mit deinem Feuer allein?
Wie kochst du, wie lebst du deine Lust, dein Feuer?
Läßt du dich stärken, lässt dich nähren beim Kochen
und nährst damitandere?
Wirst du gestärkt & genährt durch den Raum in dem du kochst?
Stärkt & nährt dich die Sexualität die du lebst, der Sex, den du hast?
Nimmst du Verantwortung für dein Feuer, deine Energie?
Oder gehst du in die Schuld, um sodann andere zu beschuldigen?
Was ist dein Maß, und sprichst du es ?

Nährt dich das Feuer oder fordert es ?
Bist du in Verbindung mit dem heiligem Erdenfeuer oder verwechselst
du es mit der „eingeredeten Hölle" oder dem „Besseralsnixschein"?
Ist dein Kochtopf ein „ Kessel der Percht" & „Kessel der Wandlung"?
Geht deine Liebe durch den Magen?
Sind deine jetzigen Gewohnheiten & Muster wirklich dein Maß?
Haben Lust, Spaß & Feuer ihren Platz in deiner Küche und
in deinem Leben ?
Und was ist mit allen anderen Aspekten des Lebens – kochst du
wirklich mit ihnen oder hast du sie woanders hin „verbannt" ?
Genießt du andere Feuer-Kochenergie, wenn nicht,
was hat es mit deinem nicht gesprochenem Maß zu tun ?

Für wen kochst du wann, wie , was ?

Die Bilder sprechen & wandeln für sich!
Dein Feuer, deine Küche, dein Kochen als Bild deiner Feuerenergie !

Erste Gedanken hierzu sind mit meiner belgischen Freundin Carolin bei
einem Picknick vor 19 Jahren im Stadtpark von Brüssel entstanden: Sind
Männer so beim Sex, wie sie kochen? Wenn, was wir eben so als Theorie
aufstellten, wollten wir definitiv mehr als „Spiegeleiergeprutzele" & Fertigpizzas
und dreckige Küchen und überhaupt…! Die Gespräche waren folglich ziemlich
zottig & lustig …!Egal wo ich dieses Thema jetzt anbringe, ist es auch jetzt
zumeist zottig & lustig, vorrausgesetzt ich habe vorher abgeklärt, wie gern alle
Gesprächsbeteiligten kochen! „Sorry", an alle, die ich nicht vorher gefragt
und vielleicht peinlich berührt habe! Ich konnte hoffentlich anregen euch mehr mit
eueren Kochkünsten, eurer Lust und eurer Küche zu beschäftigen!
Siehe dazu auch S.46 …

KLIRRAD KOIDER
KRISTALLWINTERDRAM
ZAUBERT
GLITZERREGEN & SEGEN
IN MEIN OFEN NEI

ZISCHEN DUADS
IN MEIM FEIA

UND MIT AM EISKOIDEN WARMA
JA
ZUM LEBEN
SO   NAH AM   TOD

GSCHPÜRI

LICHTMESSLN DUADS
&
S´LEBEN IS NARRISCH SCHEE

Lostage in der Lichtmesszeit :

(im Nachfolgendem heißen SchutzpatronInnen SP – *Schwendtage* sind Tage an denen besser nichts Neues angefangen wird)

21.1. Hl. Agnes – die Feuerfrau (sehr spannende Jungfrauengeschichte :
    Rom & Agneswolle und die Machtinsignien des Papstes !)

22.1. Hl. Vinzenz – SP Holzfäller
    „Wenn Agnes und Vicenzi kommen, wird neuer Saft im Baum vernommen"

25.1. Pauli Bekehr "halb Winter hin, halb Winter her"

30.1. Hl. Martina
    „ Bringt Martina Sonnenschein, hofft man auf viel Korn und Wein"

1.2. Brigid zu Hl.Brigitte SP Irlands, keltischer Frühlingsbeginn

2. 2. Maria Lichtmess (Darstellung des Herrn)
    „Ists an Lichtmess kalt, kommt der Frühling bald"
    „Die weiße Gans im Februar (Schnee) brütet Segen fürs ganze Jahr"

3. 2. Blasius Blasiussegen mit gekreuzten Kerzen & Schwendtag

5. 2. Hl. Agatha – auch eine Feuerfrau – rettete Sizilien vor der Lava
    und Chiemgauer Kamine vor Kaminbrand

6. 2. Hl. Dorothee bringt den meisten Schnee & Schwendtag

9. 2. Hl. Apollonia SP der Zahnärzte (mit Zange dargestellt)
    sehr wichtige bayrische Heilige !(z. B zweimal in der Aschauer Kirche !)
    „Ist`s an Apollonia feucht, der Winter erst sehr spät entweicht"

14. 2. Valentinstag - Freundschaftstag „Kalter Valentin, früher Lenzbeginn"
    Feiertag der Juno im alten Rom, Blumengeschenke an die Frauen

Fasching

Will ich eine Wildkatze werden oder eine schiache Hex, oder doch lieber ein Vampir ?
Wichtigste Entscheidungen werden in diesen Tagen getroffen, am Tag darauf neu
entschieden und kurz davor unter Umständen noch mal!

Fasching oder Karneval ist einerseits eine von der katholischen Kirche im 13. Jahrhundert,
als Gegenüberstellung zur folgenden Fastenzeit festgelegte Fest & Narrenzeit. Wichtig
zur angeblichen Rettung aus der geschaffenen mittelalterlichen Höllenvorstellung wurde
dabei offensichtlich die er-rettende Fastenzeit !
Carne –val - Fleisch lebe wohl !
„Fasching" kommt aber aus dem Althochdeutschen " Faseln" das „gedeihen, fruchtbar
sein" bedeutet. Ich behaupte jetzt auch einfach, dass sich Karneval & Fasching wirklich
unterscheiden, aber wahrscheinlich doch den selben Ursprung haben. Waren es alte
Fruchtbarkeitsriten, um die Wintergeister zu vertreiben wie beim Perchtentanz ? Genau
weiß es niemand, aber ich finde es einen wunderbaren Zeitpunkt, so um Lichtmess rum
mit seinen Möglichkeiten „ zu spielen". Nach der Frage : Wo stehst du, wo gehst
du hin? , kommt die Frage : Welche (alle !) Möglichkeiten stehen mir offen ?
Alles , was uns im Leben fremd und unmöglich erscheint, alles was uns Angst macht, lädt
uns ein, genau hinzugehen, hinzuschauen und in die Energie reinzuspüren, und dann zu
fragen:

Sind diese Aspekte & Masken & Rollen bereits Teil meines Lebens ?
Will ich diese Aspekte & Kräfte mehr in mein Leben nehmen?
Hol sie rein in dein Leben, es ist deine Verantwortung !
Spiel mit diesen Rollen, die vielleicht auch deine Schatten sind, sie verlieren dann an
Wichtigkeit und Dunkelheit!
Überschreite die Grenzen des „Nichtmöglichseins" und lass die Närrin / den Narren
in dir spielen !
Alles ist möglich !
Allein dieser Gedanke schenkt uns schon ein fruchtbares Jahr !!
Ob daheim vorm Spiegel, auf einem Fest, einem Faschingsumzug oder sonst wo, ist ja
letztendlich egal , ich persönlich bevorzuge die bayrischen Varianten : Weibafasching &
Faschingshochzeiten & Fasching auf der Piste … oder eben nur in Gedanken !

Weibafasching 2004

Kehraus & andere Besengeschichten

Faschingsdienstag heißt bei uns in Bayern „Kehraus" – wir sollen den Fasching auskehren – interessant dabei ist zum einen, dass am Aschermittwoch erst mal gscheid gegessen (freilich fastenmäßig Fisch oder so) und vor allem allerorts gscheid dahergeredet wird.
Schatten werden unterhalb der Gürtellinie auf die „anderen" projiziert und kommen ziemlich direkt zurück ! Wirklich vor der "eigenen Tür" wird eher selten gekehrt!

Könnte Kehraus nicht wirklich bedeuten:
Alles loslassen– alle meine Masken, Rollen und Überzeugungen –einfach alles

Um wirklich Boden zu sein für das Neue, das wachsen will,
Asche wird zu wunderbarer Erde – Holz bräuchte ein bischen länger !
(In Aschau ist für ca 80% der Kinder der Tag nach Kehraus der Aschauer Mittwoch !)
Also wirklich auskehren :
Das Alte, den Winterstaub, die Schatten, die dunklen Gedankengeflechte anderer
WIRLICH RAUSKEHREN!
RAUS!

Der Besen als Reinigungsinstrument jeder sogenannten normalen Hausfrau soll als Fluginstrument den sogenannten Hexen in der mittelalterlichen Männerphantasie dienen? Wie denn das ?
Kehrt ein Besen aus Birkenreisig, in den Rauhnächten gebunden, zu Neumond zum erstenmal verwendet, wirklich das eine in die andere Welt? Das Außen wird zum Innen, und wer es genau wissen will, möge es ausprobieren.
Die Bäuerinnen im Chiemgau hielten es vor 100 Jahren laut Franziska Hager noch für selbstverständlich, vor allem an bestimmten Tagen, vor Haus & Stalltüre einen Besen verkehrt herum zu stellen. Dies sollte eine Abwehr gegen Druden sein, die sich sodann in ihm verfangen würden und nicht mehr zur Türe rein gekommen wären.
War es nicht auch Zeichen ihrer Hausherrinmacht : "Bis hier her und nicht weiter, hier bin ich die Herrin und ich mag keine wirren, staubigen Gedanken in meinem Haus !" Sanft formuliert: „Ich bin sehr achtsam mit meinem Raum und alles was nicht Liebe ist, bitte ich hinaus!"
Schon klar, dass so ein machtvolles, weibliches Instrument sodann als „höllisch" bezeichnet wurde!
Nun ist es wieder Zeit, die Besen wieder rauszustellen, zu kehren oder dafür zu verwenden für alles wonach euch so ist!

Fastenzeit & das eigene Maß

Die vorösterliche Fastenzeit erlebe ich zumeist mit gemischten Gefühlen, was die Regeln anbelangt. Regeln, die immer noch den Beigeschmack von mittelalterlicher Schuldzuweisung & Buße & Ablass und letztendlich auch Scheiterhaufen haben.
Geht es um Schuld & Schuldzuweisung, verläuft der Weg sehr mittelalterlich :
Wenn ich mich schuldig fühle (fühlen muss / soll), fang ich im nächsten Schritt an, andere zu beschuldigen, dann folgt Gefangensein in Ängsten & Eifersucht & Depression oder Agression .

Warum schicke ich diese Schuldgespenster meiner Seele nicht einfach weg?
Und werde ich mir bewusst, dass es nur darum geht, Verantwortung für das eigene Maß zu übernehmen. Tue ich das, beschuldige ich nicht andere und kann letztendlich offenen Herzens bleiben und vor allem in meiner Kraft!

„Führe und diene", „Finde das rechte Maß", „Höre mit dem Herzen",
diese Ordensregeln des Hl. Benedikt sind wohl genau so gemeint!

In diesem Sinne kann auch eine Fastenzeit ein guter Zeitpunkt sein, das eigene Maß zu überdenken und um innezuhalten.
Innezuhalten, ge-wahr werden und was nicht wirklich not–wendig ist:
los- zulassen !

In allen Religionen & Kulturen der Welt war es vor gewissen Ritualen und Zeitpunkten für die Teilnehmenden wichtig, sich zu reinigen & leer zu werden für die Kraft des bevorstehenden Rituals oder Festes.
Da Ostern das zentrale Fest im Christentum ist, könnte es ja eventuell auch uns zum Wohle sein, davor Maß zu halten, was eben auch Fasten bedeuten kann oder los-lassen auf anderen Ebenen ! Es könnten auch „grüne Wochen" sein, d. h. mindestens drei Mal die Woche Wildkräuter essen. Dies ist die Variante die mir persönlich und meinen Kindern & Alltag am besten bekommt & sogar alten Fastenspeisenvorschriften entspricht!
(Siehe Frühlingskräuter Seite 28)

Noch besser, wenn uns die Fastenzeit für das ganze kommende Jahr daran er-innert :
Übernehme Verantwortung für Dein Maß !
Dabei helfen die Wildkräuter – wirklich !

Plätze des Ge-wahrwerdens

BÄRNSEE

Unermessliche Tiefe
tiefes Unergründliches
grundlos schwarz

Beerenjungfrauen locken ins schwarze Moor
süß und warm

Schlünden sie die Eitelkeiten
wenn's es braucht

„ Spiel mit dem Feuergoldenglanz am
Seegrund mit uns,
sieh die Schätze für dich"
rufen sie

„Komm, komm, schön sind wir"

schön
schön gefährlich
ihre heiligen Mäuse
holen sich wieder, was Geiz und Gier
sich genommen
beißen ab die Lebensfäden
lassen tiefer und tiefer sinken
beerenschwarz
unendlich

in Demut stehst du eines Tages wiedergeboren
vor dem Frühlingsgrün der Birke

Bärnsee
bei
Aschau

ÖLBERGKAPELLE SACHRANG

Eibenübergang
In andere Welten
alt und neu zugleich

Haselnusspfeil trifft
haargenau in
deinen Riss
deine Spalte
deiner gespaltenen Erinnerung

tief
ziehst du den Pfeil
aus deinen alten Wunden

Not-wendiges Blut
fließt
wenn du mit einer
Bitte kommst

M. G. 2003

Ölbergkapelle Sachrang

Frühlings -
wandlungs
göttin
in Schnee
2004

MARIA ZUR KETTN

Was bindest du, was dir nicht gehört,
nimmst mehr als du wirklich brauchst,
hast dein Maß vergessen
pass auf, pass auf,
dass sie dich nicht erschreckt
mit ihren glühenden Augen
als schwarze Hündin
oder dich unachtsam werden lässt
in deinen Schritten!
Bitte Maria zur Kettn,
bitte sie, damit sie
dich entbindet
der Kettenängste,
dich entbindet des
festketten Wollens,
dich entkettet,
bevor du mit deinen schweren Ketten
in den Abgrund stürzt

M. G. 2004

Frühlingserwachen

Ostern & Ostara & Goldmarie

Frühjahrs Tag und Nacht Gleiche - 21. März:
Der kurze Moment der Balance zwischen Licht und Dunkel, die Erde braucht diesen Moment nur zwei Mal sehr kurz im Jahr, also warum sollten wir ihn öfters brauchen? Ab heute übernehmen Licht & Sonne für ein halbes Jahr die Regie im Jahreskreis.
Mit Ostern wird das zentrale christliche Fest gefeiert : Das Leben & die Liebe & die Kraft Christi ist stärker als Tod & Dunkelheit. Das ist so.
Schade nur dabei, dass wieder mal der weibliche Aspekt der göttlichen Liebe, nämlich der sich jährlich erneuernden Schöpferinkraft von Mutter Erde, dabei nur noch sehr versteckt gedacht wird. In feministischen Kreisen unumstritten ist zwar die Tatsache, dass der Begriff Ostern von „Ostara", der germanischen Frühlingsgöttin stammt. Auch" sickert noch manchmal durch", dass Ostereier & Hase ihre alten Zeichen waren, doch wie schaut es mit dem bewusstem Umgehen damit aus ?
Laut Umfragen wissen 80 % der Kinder nicht mehr warum Ostern gefeiert wird(Antwort wegen der Ferien & Ostereier & Geschenke)
Entsetzt darüber ist man in Kirchenkreisen und beschwert sich außerdem andererseits über esoterische Bewegungen . Gleichzeitig werden vor allem in der katholischen Kirche die Kirchenfeste mit Brauchtum vorchristlichem Ursprungs zweifelsohne verschönert!

Also ist doch vorchristlich nichtgleich nichtchristlich, oder hab ich da was falsch verstanden ?

Frau Holle

Wie auch immer, finde ich die Geschichte von Kore, die jetzt wieder mit ihrer Mutter Demeter in Erscheinung tritt, genauso schön und passend zu der Zeit, wie unser bekanntes deutsches Märchen von Frau Holle. „ Die Jungfrau war einige Zeit bei der Frau Holle (bei uns hier im Chiemgau : die Frau Percht) und kommt nun nach erfüllten Aufgaben & gesegnet von ihr dahin zurück, wo es ihr eigentlich am Schluss gar nicht gut ging. Sie weiß dass es aber so sein soll und wird vom Gockel am Brunnen freudekrähend empfangen: „Kikeriki, unsere goldene Jungfrau ist wieder hie" – dann probiert sich ja noch die Pechmarie in anderer Art und Weise…!
"Frau Holle" steckt voller Bilder & tieferen Sinn und ist für mich eine Begleiterin durchs ganze Jahr!

Dieses Märchen stellt mir immer wieder wichtige Fragen:

Welche Anteile hatte ich in diesem Winter auf meiner „Hollefahrt" von der Goldmarie und welche von der Pechmarie ?
Wo war mein Tun ein Tun ohne Erwartung, ein Tun in Liebe ?
Wie sind meine Taten in Liebe ?
Wie setze ich die Visionen & Pläne von Lichtmess in die Tat um ?
Welche Samen will ich wecken ?
Welche Knospen & Frühlingskräuter weisen mir den Weg zu einem neuen Ich ?
Welche Pflanzen wachsen vor meiner Haustüre, sind mir geschenkt und ich darf mich mit ihnen und ihrer Kraft verbinden & verbünden & mich von ihnen nähren lassen?
Kann ich bedingungslos vertrauen, dass mir die Fülle geschenkt ist & wird ?
Werde ich auch bedingungslos, ohne Erwartung lieben ?

Goldmarie hat bedingungslos vertraut, hat alles losgelassen ohne zu wissen wie es weiter geht. Sie hat bedingungslos dem Apfelbaum & dem Backofen geholfen und die Betten bei Frau Holle geschüttelt – Ihr Lohn war reichlich !

Die christliche Geschichte zu Ostern ist ja hinreichend bekannt & besprochen & wird von vielen Menschen innigst gefeiert & gelebt !
Auch für mich war Ostern immer schon das Fest, das nicht nur als das wichtigste galt, sondern mich auch als Kind schon im Herzen am meisten berührt hat(im Gottesdienst wohlgemerkt). Weil mich aber später Märchen von der Frau Holle, diverse Plätze und Begegnungen genauso oder noch mehr berührt haben, machte ich mich auf die Suche.
Die christliche Geschichte beinhaltet für viele Menschen mehr Wahrheit wie die der Frau Holle. Nur fällt mir dazu ein Satz ein der mich nun schon viele Jahre begleitet:

„Traue denen, die nach der Wahrheit suchen, misstraue denen, die behaupten sie gefunden zu haben !"

Es gibt viele Plätze um uns , die die Geschichte von Frau Holle & Frau Percht, den Jahreskreis und eben all seine Kräfte besonders intensiv repräsentieren. In manchen hören wir das schon im Namen wie „Berchtesgaden" – der Garten der Bercht. Manchmal sind die Namen auch versteckt wie das Petersbergl im Inntal, das eigentlich Madron heißt, und das kommt von Madrona / Madrisa, das auch alte Namen für die alte Muttergöttin in den Alpen waren. Zentrum des Chiemgaus sind die drei Inseln im Chiemsee, der hier auch Kessel der Percht genannt wird !

Kessel der Percht & Chiemsee & die heiligen drei Madln

Die Fraueninsel war wohl schon aufgrund seiner Lage prädestiniert für einen Kultplatz unserer Vorfahren. Das tausende(?) Jahre bestehende Kloster ist ein weiterer Hinweis dafür, doch die Seebrucker suchen das Bedaium „Das Heiligtum von Bed " immer noch am Ufer. Zu welchem „Bedaio Sancto" pilgerten die Römer jährlich und verewigten dies in Weihesteinen, die nun nach und nach in den Fundamenten der Chiemgauer Kirchen auftauchen ?

Bed war wohl eine lokale keltische Gottheit des Chiemsees, einiges spricht dafür, dass es eine Göttin war. Die Kelten kannten keinen männlichen Bed, lateinisch Bedaius, wohl aber kannten sie eine weibliche Bed, lateinisch Bedaia(spätlateinisch Petena), so in vielen Gegenden der keltischen Welt wohlbekannt. Aus der spätrömischen, schon christlichen Zeit ist auf der Herreninsel ein kleines örtliches Bistum mit dem Namen : „ Ecclesia Petena" überliefert !!!

Richtiger sollte bei der Bed von einer Dreiheit der Göttin gesprochen werden, die Dreiheit, die uns als drei Jungfrauen, drei Mütter oder drei Madronen begegnen. Sie , die drei Ewigen, die den ewigen Fluss des Lebens symbolisieren: Geburt, Leben und Tod aber auch die ewigen Drei : Sonne, Mond und Erde. Diese Drei sind der Inbegriff des immerwährenden Fortlebens und überlebten sämtliche patriarchalen Strukturen der Kelten, der Römer und die der Christenherrn. Sie lebten weiter als Ambet, Wilbet und Borbet. Unzählige Petersplätze gehen auf sie zurück, erkennbar meist an den vorhandenen Sagen von drei Jungfrauen, siehe Petersberg (Inntal).

Die bayrisch-christliche Form ist noch besser bekannt, als die bayrisch-keltische, nämlich in Form *der Drei Madl : Barbara mit dem Turm, Margret mit dem Wurm und Kathl mit dem Radl, das sind die heiligen bayrischen Madl."* Auf fast allen Altären unserer Chiemgauer Kirchen sind sie vertreten, so z.B. sehr eindrucksvoll in der Baumburg, aber eben auch im Hochaltar der Klosterkirche der Fraueninsel. Versteckt finden wir die drei als Töchter der Sophia(Hl. Weisheit):

Fides, Spes und Caritas, so wie in der Sachranger Dorfkirche St. Michael am rechten Seitenaltar.

Die Drei in Klerant / Südtirol

Ambet (Einbet) = Katharina mit dem Rad-Lebensrad oder Sonnenrad , die alte, schwarze, weise Frau , manchmal auch von der Anna (Großmutter) dargestellt.
Borbet = Barbara mit dem Turm(einsperrte, verborgene Mondkraft), die weisse, lichte Frau die zum Licht führt (guter Tod), die inneres Lichtfenster öffnet, Kraft zum Neubeginn, Lichtfrau, Luzia 4.12 (Luzia 13.12 alte Wintersonnwend)
Wilbet = Margarete mit Drachen - Drachenkraft, rote Lebenskraft der Erde, fruchtbare, blutende, tanzende (mit dem Drachen) Frau .

Manchmal übernehmen auch andere heilige Jungfrauen deren Position (Maria, Agnes, Ursula u.a.) Hierzu unbedingt Erni Kutters Buch „Der Jungfrauenkult" lesen !
Nun sind zwar von den drei Chiemseeinseln keine Sagen von den Drei Jungfrauen bekannt, aber eng verbunden mit dem Chiemsee ist die Percht oder Berchta genannt. So verehrten die Bauern am Chiemsee noch vor hundert Jahren sie im Holunder (Holla – Hüterin der Ahnen),er war der wichtigste Hausschutzbaum, vor dem die Bauern den Hut zogen- sie legten Speisen unter dem Holla an Allerheiligen/Allerseelen für die Percht und ihre wilde Jagd (Seelen) und natürlich in ihren Heiligen Nächten. Der heilige Abend hieß vor 100 Jahren nebst dem 5.1 heiliger Perchtabend . Viele heilige Handlungen, wie Mehl streuen in alle Himmelrichtungen etc., deuten auf ein eher vorchristliches Brauchtum hin. Die Percht hütet die Seelen, ist zuständig für die Fruchtbarkeit indem sie die Kinder aus dem Chiemsee angelt, den Frauen Fruchtbarkeit schenkt, aber auch indem sie mit ihrem segnenden Wind über die Felder streift. Sie wohnt als Spinnerin draußen im Wald (Lebensfaden!) und ist zuständig ob wir ein Licht sehen und ein inneres Licht leuchtet (Sage : Das ausgeblasene Licht). Sie ist auch Richterin und Inge aus Wien dichtete hierzu so schön :" *Und wird ein Bayer renitent, Frau Percht ein gutes Mittel kennt, sie packt ihn dann, den groben Lackel und tut ihn dann ohn viel Gefackel, tief in den tiefsten Chiemsee tunken, zu den tiefsten Dickbauchunken !"*
Sie hat also alle drei Aspekte und da frage ich mich, ob Bercht/Percht nicht doch von Bead = Bed kommt ???
Ist die Fraueninsel der weisse Aspekt, die selige Irmingard mit ihrem Campanile die Barbara des Chiemgaus ?
Ist die Herreninsel mit der Leutkirche (drinnen regiert ANNA !) die Alte, das Schloss die „aufgetackelte Alte", hat die Weisheit Katharinas die Augustiner jahrhundertelang inspiriert? Und die Margarete , tanzt sie auf der Krautinsel ? Diese ist zwar laut Sage unfruchtbar, weil sich dort Nonnen der Fraueninsel und Klosterbrüder der Herreninsel zu selbigen roten Beschäftigungen trafen.
Aber dies ist natürlich der Hinweis in sich, außerdem bauten die Nonnen auf der Krautinsel seit Urzeiten ihr Gemüse an . Oder war sie die laut Sage überschwemmte Insel Roglau, auf der paradisische Zustände waren und die Gott oder eben die Percht bestrafte, weil die Bewohner die Nahrung nicht mehr achteten und die Kinder Brotlaibe als Ball benutzten ?
Für mich haben diese Aspekte mit den unterschiedlichen Heilkraftqualitäten der Plätze & der Inseln zu tun und wenn wir Herz & Ohren offen halten, spielt Zeit keine Rolle mehr .
Wir werden wie selbstverständlich zu den wichtigen Plätzen der Inseln ge-führt und dürfen spüren & er- fahren, dass hier ein wichtiges heiliges & heilendes & lehrendes Zentrum war und ist !

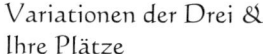

Variationen der Drei &
Ihre Plätze

Lostage & Brauchtum der Frühlings und Osterzeit :

(Nicht, dass es zwischen Lichtmess und Ostern keine Lostage gäbe, für die ausführliche Variante verweise ich hier wieder auf die gängigen Bauernkalender !)

17.3. St. Gertrud SP der Gemüsegärtner & Gemüsehändler,
   Versöhnungstag : Gertrudenminne trinken
„St. Gertrud, die Erde öffnen tut"
„ Ist Getrudis sonnig, wird's der Gärtnerin wonnig" usw.

19.3. Hl. Joseph SP der Zimmerleute & Schreiner & Handwerker
   Einziger Feiertag in der Fastenzeit, an dem gefeiert werden
   durfte & Burschen „bestellten" an diesem Tag ihr
   Ostergeschenk - ob sie dann wirklich ein rotes Ei von ihrer
   Auserwählten am Ostermontag bekamen, lag freilich an ihr.
„Ist`s an Josephi klar, wird's ein gesegnet, fruchtbar Jahr"
„Wenn `s einmal Josephi ist, so endet auch der Winter gwiß"

21.3. Hl. Benedikt
   Frühjahrs Tag und Nachtgleiche – Frühlingsanfang
   „Strohpuppe" als Winter wird mancherorts verbrannt
„Wenn am 21. der Nordwind bläst, so bläst er noch dreißigmal,
ehe es Frühling wird"

Ostern wird seit dem Konzil von Nicäa (325 n. Chr.) immer am ersten Sonntag nach dem ersten Frühlingsvollmond gefeiert.

Palmsonntag eine Woche vor Ostern: Feiern des Einzugs Jesu in Jerusalem - Prozessionen mit Palmbuschn – Palmweihe
Palm besteht aus Weide, Buchs, Erika, Illex, Hasel, Wacholder u. A.
Die Zusammensetzung ist von Gegend zu Gegend verschieden(In Berchtesgaden sollte auch ein Sadebuschn dabei sein (wichtigstes Abortivakraut aus dem Mittelalter).
Die kleinen & großen Palmbuschn finden nachher einen Platz im Garten , Stall und Haus als Schutz vor Gewitter & dunklen Wolken aller Art – letzter „Aufsteher" des Tages ist der „Palmesel".

Gründonnerstag : „ Die Fußwaschung , das Abendmahl"
Heute und in diesen Tagen gesammelte Kräuter sind besonders wirksam und gehören in die Gründonnerstagssuppe (siehe der „Kräuter Neune" & Frühlingswildkräuter)
Schmuck mit frischen grünen Kranzerln im Haus (Antlaßkranzerl) & Aussaat von Kresse etc., das über Ostern grünen anfängt & die heute gelegten Eier sind besonders kraftvoll, halten sehr lange und stehen eventuell in direktem Zusammenhang mit dem Hausherrn und dessen „ Grünkraft".

Da die unterschiedlichsten Gebräuche hierzu aus verschiedenen Gegenden bekannt sind und diese ausschließlich vom Hausherrn ausgeführt wurden ist dies zu vermuten, auch weil der Gründonnerstag auch Männertag genannt wird =Grüne Männertag !? Heut „fliegen die Glocken nach Rom" und es wird bis Ostern mit lauten Ratschen statt geläutet, eben geratscht. Dies ist eine der Lieblingstätigkeiten der Ministranten hier in Aschau.

Karfreitag : Gedenktag des Todes Christi –
„ guter Freitag"-höchster Feiertag bei den Protestanten
jede Arbeit an diesem Tag bedeutete frühers Unglück – ein strenger Fastentag

Karsamstag – Zeit zwischen Tod und Auferstehung
„Am Karsamstag gibt's neunerlei Wetter".

Ostern – Auferstehung des Herrn –höchstes Fest in der katholischen Kirche
Osterfeuer & Osterkerze & Lichtfeier & Tauffeiern & Taufwasserweihe & Speisenweihe
Osterfrühstück & Osterhase & Ostereier & Lammbraten.

Ostermontag – Emmausgang
Osterspaziergang nach draußen-ebn-naus, zu einem Wallfahrtsort oder nur um das neue Gewand, das heute erst getragen werden durfte, auszuführen. Ein über alle Jahrhunderte gebliebener, sehr heiterer Tag, Überbleibsel in manchen Kirchen als erlaubtes „Ostergelächter", in dem der Pfarrer heute nette kleine Geschichten erzählt. Da dies aber in Bayern auch der Tag des „Fensterlns" war, an dem die besagten roten Eier verschenkt wurden, ist anzunehmen, dass es sich frühers eher um sehr zottige Witze gehandelt haben wird.

25.3. Maria Verkündigung –Christliche Version des Frühlingsanfangs
Das Fest der Verkündigung des Herrn durch den Erzengel Gabriel ist eines der vier ältesten Marienfeste seit dem 6. Jahrhundert und hieß auch Wiedergeburt des Lichts. Ab heute werden die Frühlingsboten der Lüfte wieder erwartet, die alle auch als Boten der Fruchtbarkeit und des Glückes galten.
„An Maria Verkündigung kommen die Schwalben wiederum"
„Wenns Maria Verkündigung friert, es vier Wochen so bleiben wird"
„Ist Maria schön und hell, gibt's viel Obst auf alle Fäll"
„So viel Tag vor Marien die Frösche geigen, so viel müssens hinterher schweigen "

    1. 4. Narrentag , in den April schicken, wohin man will

2.4. Hl. Rosamunde
„Bringt Rosamunde Sturm und Wind, ist Sybille(29.7.)uns gelind".

FRÜHLINGSSONNENSTRAHLEN

KITZELN MICH
BIS IN
MEINE FINGERSPITZEN
ERWÄRMEN MICH
UND MEIN BLUT
SO GUT

DIE ZELLEN TANZEN
VOR FREUDE

DER WINTER IST
VORBEI

VORFREUDE
MÖGE WACHSEN
MÖGE UNBEKANNTES WACHSEN
MEINE SINNE ERFREUEN

MÖGEN MEINE PFLANZEN GESEGNET SEIN
MÖGEN SIE LIEBEN & WACHSEN & LIEBEN

IN MEIN HERZ HINEIN!

„Farnfrühlingserwachen" an der Rettenwand (Hirschzunge)

Frühlingskräuter & der Kräuter Neune

Wildpflanzen sind das älteste Nahrungsmittel der Welt, sie haben einen enorm hohen Nährwert und sättigen schnell. Viele von ihnen verfügen über wunderbare Heilwirkungen und helfen, Krankheiten vorzubeugen. Unseren Vorfahren war dies bewusst, schon Hippokrates sagte : „Deine Nahrung sei deine Medizin".

Auch in der Tradition der weisen Frauen sind die landläufigen „Un"kräuter die beste Medizin ! Gerade in dem wunderbarem Brauch der Gründonnerstagssuppe hat sich wenigstens ein kleiner Teil von diesem Wissen erhalten, so gibt es auch keine wirkliche Regel, was den Inhalt dieser Suppe anbelangt.

Die Medizin der weisen Frauen bedeutet : Nährend & alltäglich & unsichtbar & bekannt & einfach & unordentlich & Spaß - im Gegensatz zur wissenschaftlichen & heroischen Medizin, die vor allem reparieren und reinigen will.

Habt ihr schon mal Wildkräuter & Pflanzen gesammelt und damit gekocht? Oder Schwammerl gesucht ? Kennt ihr das Glücksgefühl ein „Riesengeschenk" bekommen zu haben, wenn ihr vor einem Steinpilz & Co. steht ? Als Kind habe ich, so wie jetzt meine Kinder gejuchzt vor Be-geisterung! Alle Zellen beginnen spätestens beim Genuss dieser Schätze einen wahren Freudentanz, und wir verbinden uns mit den vielleicht ältesten Kenntnissen & Geheimnissen der Menschheit! **Hildegard von Bingen**, die große Mystikerin des frühen Mittelalters(im späteren Mittelalter wäre sie sicher auf dem Scheiterhaufen mit all den Weisen Frauen gelandet) schrieb folgende wunderbare Worte über die Grünkraft :

Oh edelstes Grün,
das wurzelt in der Sonne und leuchtet in klarer Heiterkeit,
im Rund des kreisenden Rades,
das die Herrlichkeit des Irdischen nicht fasst
umarmt von der Herzkraft himmlischer Geheimnisse
rötest du wie das Morgenlicht
und flammst wie der Sonne Glut
Du Grün
bist umschlossen von Liebe

Grünkraft pur ist auch in unserer Gründonnerstagssuppe.

Der Inhalt der Suppe, die in dieser Zeit besondere Wirkung hat und besonders kräftigt & nährt, ist variabel. Wichtig scheint nur die Anzahl der Kräuter zu sein, die die Wirkung offensichtlich verstärken. Dabei spielt vor allem die Zahl neun eine große Rolle, mancherorts auch die Zahl sieben. „Ach du grüne Neune" , bedeutet wohl soviel wie : Bei der Kräuter Neune möge es nicht schlimmer werden, sondern gleich wieder sich ins Positive wandeln !!!

Was können wir nach dieser langen Winterzeit inklusive Erkältungen schon besser brauchen, als genau jene Grünkaft, von der Hildegard von Bingen spricht?

Ihr könnt euch sicherlich auch Erdbeeren aus Südamerika und Kiwis aus Neuseeland kaufen (hat was, wenn man Pestizide etc. gut wegsteckt) Und eine Leberkassemmel oder ein Schweinsbraten sind auch in gewissen Momenten ein wahrer Hochgenuß,(für mich jedenfalls als „Hinundwieder-Fleischesserin", aber an die Wirkung von einem Wildkräuter & Pilzschmaus kommen diese Gerichte nicht hin !

Wildkräuter nähren unser Ganzsein & unser Heilsein.
Mögen wir sie achtsam ernten, mit einem Bitte & Danke!
Mögen wir uns von ganzem Herzen an ihrem „sich uns Schenken"
und an uns, und unsrem Leben freuen!

Die folgenden Frühlingskräuter sind eine persönliche Auswahl der Kräuter, die bei uns hier im Chiemgau häufig sind, im Garten & in freier Natur.

Nebst dem Bitte & Danke und dem" Hinlosen" an sich, bitte ich noch ein paar Hinweise zum Sammeln zu beachten :

Sammelplatz gut kennen oder erst im Jahreskreis kennen lernen (um Hundeklo, Gifte etc. zu vermeiden) aber vor allem um die

Kräfte & Wesenheiten des Platzes kennen zu lernen und mit ihnen in liebevoller Verbindung zu stehen !

Pflanzen gut bestimmen !(andere Kräuterfrauen & Bücher etc.)

Geschützte Pflanzen unbedingt stehen lassen- bei anderen auch den Bestand beachten und immer nur ein paar aus einer Gruppe ernten

Danken in der Form wie es euch eben gerade einfällt

Zu Hause am Anfang noch mal gut schauen & prüfen vorm Kochen, da auch in der Pflanzenwelt starke Kräfte ganz eng beieinander sein können! Auch da ist noch Mal ein „Hinlosen" –z. B. auch kinesiologisch oder mit Pendel hilfreich, da wir oft vor lauter Begeisterung übersehen, dass wir für manche Kräfte noch nicht bereit bzw. be-reitet sind (und möglicherweise dann allergisch reagieren).

Bärlauch Allinum Ursinum

Namen : Hexenzwiebel, Wurmlauch, Waldknoblauch

Sammeln : Blätter März bis Mai & Knospen , Blüten März bis Juni,
Zwiebeln im Hochsommer

Inhaltsstoffe & Heilwirkung: Enthält ein Senfölglykosid, das dem seines Verwandten dem Knoblauch sehr ähnlich, viel Vitamin C & Eisen, sehr anregend & harntreibend, blutdrucksenkend, antiseptisch

Bären haben, als es sie hier noch gab, diese Pflanze tatsächlich in sehr großen Mengen nach ihrem Winterschlaf gefressen, daher der Name – aktiviert also in uns „Bären"kräfte, weil aber der wiederkehrende Bär auch Sinnbild des „der Winter ist vorbei" für unsere Vorfahren war diese Pflanze tatsächlich die kräftigste unserer Frühlingskraftpflanzen und sie ist es heute noch ! Sie verleiht allen Gerichten eine besondere Note, der Geschmack mindert sich beim Kochen , die Anwendungsmöglichkeiten sind trotzdem schier unbegrenzt, von Bärlauchbutter (gefroren - für den Sommer „die Grillbeilage"!), zum Salat, zur Kräutersuppe, Bärlauchknödel, nudeln, Bärlauch-Aligot, Bärlauchsauce etc. Bitte achtsam beim Ernten, auch wenn er, wo er wächst, zumeist in sehr großen Mengen wächs! **Verwechslungsgefahr** mit Maiglöckchen (die aber 1.später wachsen 2. nicht nach Knoblauch riechen 3. nicht den feuchten Wald sondern sonnige trockene Stellen bevorzugen) & mit Knabenkraut im Anfangsstadium & der Herbstzeitlose – also Standort kennen!

Magisches : Schützt wie Knoblauch vor Vampiren, in Rom der Ceres geweiht gewesen und mit Koriander gepresst als Liebestrank soll dieser gegen angehexte Impotenz geholfen haben!

Brennessel, große Urtica dioca kleine Urtica urens

Namen: Donnernessel, Hanfnessel

Sammeln : Blätter März – Oktober, Samen im Sommer, Wurzel März- Oktober

Inhaltsstoffe & Heilwirkung: besonders reich an Proteinen (doppelt soviel wie die Sojabohne), Vitamin A und C & Mineralsalze & Ameisensäure & Histamine (Achtung Allergiker !) Die Brennessel wirkt hautreizend, blutbildend, stoffwechselanregend, durchfallhemmend, blutdrucksenkend, wassertreibend, stärkend, schleimlösend, blutreinigend, cholesterinsenkend

Die wichtigste Blutreinigungspflanze : In die Suppe, als Spinat und eigentlich in alle Gerichte, in die auch Spinat passt. Natürlich auch als Tee bei Magen & Darmbeschwerden, Gicht & Rheuma (treibt Harnsäure aus) und eben blutreinigend & stärkend ! Samen geröstet eine Köstlichkeit, Wurzeln für Brennesselessenz, Brennesseljauche als Pflanzendünger & Schadinsektenvertilger

Magisches : Am Gründonnerstag und allgemein im Frühjahr gegessen, hält sie alle Krankheiten von einem fern, schützt vor Geldmangel und als Büschel aufgehängt schützt sie vor allem auch das Vieh vor Krankheiten & Blitz – da wo sie wachsen, schlägt kein Blitz ein, wenn sie sehr hoch werden, gibt's einen strengen Winter, bei sehr kranken Menschen als Orakelpflanze benützt worden- im Topf unter das Bett gestellt - bleibt sie grün ist noch Hoffnung ! Genuss von den Samen ist aphrodisierend und die Hühner legen auch recht fleißig!

Brunnenkresse Nasturtium officinale

Namen : Bittersalat, Wassersenf

Sammeln : Vor der Blüte auch schon im Winter – nie in der Nähe von Viehweiden,
wegen den möglichen Larven des Leberegels !

Inhaltsstoffe & Heilwirkung : Vitamin A, C, D, E, Jod, Kalium, Eisen,
Bitterstoffe, Senföle u.a.. Sie wirkt blutreinigend, menstruationsfördernd,
verdauungsfördernd, empfängnisfördernd.

Edelste Kresse, die reinstes Quellwasser braucht, deren Mineralien es auch
speichert, wunderbare Beigabe in Salate, Saucen oder wie Sauerkraut milchsauer
vergoren ein besonderer Genuß!

Verwechslungsgefahr mit verschiedenen Wasserpflanzen – genau bestimmen!

Fichte Picea Abies

Namen: Rottanne

Sammeln : Triebspitzen April/ Mai & Harz das ganze Jahr

Inhaltsstoffe & Heilanwendung : Harz, Ätherische Öle, Limonen,
sehr viel Vitamin C

Die Triebe wirken schleimlösend, schweisstreibend, entzündungshemmend,
hustenstillend, entschlackend und haben vor allem einen verblüffenden
Zitronengeschmack – wunderbares Gewürz auch mit Fisch, Verwendung in Essig
eingelegt wie Essiggurken & Kapern und als Fichtennadelsirup & Wein & Likör
sehr hilfreich bei Husten aber auch köstliches Aroma für Jogurts & Sorbets
Harztropfen als Räucherwerk (Wirkung : Bringt alte Wunden zum Heilen ans
Licht, reinigt & schützt & macht einen klaren Kopf).

Magisches : Gern besuchter Baum, um Krankheiten auf ihn zu übertragen z. B.
mit dem Satz : „Guten Morgen Frau Fichte, ich bring Dir die Gichte" – eine Bitte
eines Rheumakranken.

Gänseblümchen Bellis Perennis

Namen : Augenblume, Maßliebchen, Tausendschön

Sammeln: Blütenköpfe April bis September

Inhaltsstoffe & Heilwirkung: Gerbstoffe, Saponine, ein ätherisches Öl,
Pflanzenschleime

Gänseblümchen wachsen heutzutage fast überall, sie wirken blutreinigend,
schleimlösend und wassertreibend. Nach Hildegard von Bingen bereiten sie klaren
Verstand & Blick! Blütenköpfchen sind eine wunderbare Salatzugabe & als
Kapernersatz in Essig geeignet.

Magisches : Sie sind ein Symbol der Fruchtbarkeit und des Neubeginns, sie waren
bei den Germanen der Göttin Freya zugeordnet, später sind sie einer Legende nac,
aus den Tränen Marias auf der Flucht nach Ägypten entstanden.

Wie vielen Frühlingsblumen schreibt man auch den ersten drei gefundenen Gänseblümchen im Jahr besondere Heilwirkung zu! Drei mit dem Mund abgebissene und verschluckte Gänseblümchen sollen Magenbeschwerden heilen! Sie sind ein zuverlässiger Wetteranzeiger : Sind sie am Morgen geschlossen, wird's untertags viel eher regnen als dass die Sonne scheint !

Giersch Aegopodium podagria

Namen: Weißwurz, Geißfuß, Erdholler, Zipperleinkraut
Sammeln: Blätter März bis September (V-förmig im Ansatz)
Inhaltsstoffe & Heilwirkung: Kalzium, Magnesium, Phosphor, Silizium, Vitamin C und Vitamin A
Giersch ist entgiftend, blutreinigend und sehr harnsäuretreibend, deshalb vor allem als „Gichtkraut" zu empfehlen. Neben dem Bärlauch und der Brennenessel gehört der Giersch zu den ältesten Wildgemüsearten. Geschmack der Blätter ist petersilienartig, im jungen Zustand ein wunderbares Aroma für jeden Salat, später für alle Arten von Gemüsezubereitung oder Gewürz geeignet. Überall wo Petersilie passt, passt auch Giersch. Samen lassen sich auch als Würze einsetzen. Tee lässt sich bei Gicht, Rheuma und schlecht heilenden Wunden einsetzen. Verwechslungsgefahr mit anderen Doldenblütlern – bitte genau bestimmen!

Gundelrebe Glechoma hederacea

Name : Gundermann, Erdefeu, Donnerrebe, Katzenminze
Sammeln: Das ganze Kraut übers ganze Jahr (sogar unterm Schnee)
Inhaltsstoffe & Heilwirkung : Gerbstoffe, ätherisches Öl, Bitterstoff, Harz, Vitamin C und Vitamin A. Die Gundelrebe ist einer der wichtigen Bestandteile der Gründonnerstagssuppe und wirkt schleim- & stein -& harnsäurelösend, heilend, Lungen -& Magenstärkend.
Gundelrebe passt in Salate, Suppen und alle Wildgemüsegerichte. Das ätherische Öl der Pflanze kann als Wundöl bei eiternden Wunden, aber auch bei Ohrensausen oder Kopfweh verwendet werden. Die frische Pflanze als Kranz bewirkt kann bei diesen Beschwerden auch hilfreich sein.
Magisches : Alte germanische Zauberpflanze – als erstes Grün des Jahres ist sie besonders milchbildend und wurde daher viel für "Milchzauber" verwendet. Eine Kuh, die schlecht Milch gab oder bevor sie das erste Mal auf die Weide kam, wurde durch einen Gundelrebenkranz gemolken, der wurde ihr dann zu fressen gegeben. Milchgeschirr wurde mit Gundelrebensud gereinigt. Einen Gundelrebenkranz trugen unsere Vorfahren auch gern zu Walpurgis & Sonnwend, weil er bösen Zauber fernhält und hellsichtig machen soll.
Ausprobieren lohnt sich & schadet gwiß nix !

Löwenzahn Taraxum officinale

Namen : Apothekerkraut, Augenmilch, Augenwurz, Bärenzahnkraut, Kuhblume
Sammeln: Kraut immer, Wurzel im Frühling & Herbst, nicht auf ganz üppigen
Löwenzahnwiesen sammeln, dies ist nämlich ein Hinweis auf Überdüngung!
Inhaltsstoffe & Heilwirkung : Viele Mineralsalze und Proteine(hohe Wertigkeit)
reich an Provitamin A (mehr als Gelbe Rüben !) Vitamin C und andere Vitamine !
Der Löwenzahn stärkt den ganzen Körper, besonders die Leber, regt den
Stoffwechsel an, galleflussbildend, nierenanregend und antirheumatisch.
Wer also seine Löwenkräfte aktivieren möchte und seinen gesamten Organismus
in Schwung bringen möchte, der liegt mit einer Löwenzahnkur im Frühling
goldrichtig. Ob als Tinktur eingenommen oder vielseitig in der Wildkräuterküche
verwendet, die Wirkung ist wirklich löwenstark.
Der Geschmack der Blätter ist bitterlich, bei älteren Blättern ist ein Kochen
durchaus empfehlenswert. Gehört logischerweise in die Gründonnerstagssuppe !
Magisches :Orakeln bei Wegblasen der Samen (Engerl & Teuferl usw.) / & neun
Wurzeln an Bartolomä (24.8.) vor Sonnenaufgang gegraben und um den Hals
getragen helfen bei Augenleiden, auch soll es bei Seitenstechen helfen. Löwenzahn
regt außerdem ebenfalls die Milchbildung der Kühe an.

Lungenkraut Pulmonaria officinalis

Namen: Hirschkohl, blaue Schlüsselblume, Hänsel & Gretel,
Vater & Mutterbleame
Sammeln : Pflanze März bis Oktober
Inhaltsstoffe & Heilanwendung : Schleimstoffe, Saponine, Kieselsäure u.a.
Das Lungenkraut mit seinen hellen Tupfen erinnert ein wenig an Lungenbläschen,
woraus man in der Signaturenlehre seinen Namen ableitete. Aufgrund seines
hohen Kieselsäuregehaltes ist dieses Kraut tatsächlich schleimbildend,
auswurffördernd, gewebefestigend und wundheilend und wurde deshalb seit der
Antike für Erkrankungen der Atemwege verwendet. Die Blätter schmecken mild
wie die des nahen Verwandten , des Beinwells und ergeben ein ebenso zartes
Gemüse. Blüten und ganz junge Blätter auch für Salat geeignet.
Magisches : Laut Legende kommen die hellen Flecken von Marias Milch, wie sie
Jesus gestillt hat und einige Tropfen daneben kamen, die sodann die Blätter der
Lungenwurz aufgenommen haben. Wenn man seine Nase in Lungenkraut steckt
(dies gilt auch für andere Frühlingsblumen wie Leberblümchen,
Schlüsselblümchen, Märzenbecher) bekommt man sodann Sommersprossen! Es ist
außerdem ein speziell von den Hirschen gesuchtes Frühlingskraut, und da in der
Tradition der Hirsch das heilkundige Tier des Waldes ist , ist dies sicherlich eine
wichtige Information.

Sauerampfer Rumex acetosa

Namen : Sauergras, Salatampfer, Kuckuckskraut

Sammeln : Ganzes Kraut April bis Mai

Inhaltsstoffe & Heilwirkung : Oxalsäure, Flavonglysid, Vitamin C

Saueramfer wirkt appetitfördernd, harntreibend, blutreinigend, leberstärkend

Ein paar mal wöchentlich im Frühling Sauerampfer in kleinen Mengen genossen (zuviel Oxalsäure ist giftig) ist eine Wohltat. Am besten direkt auf der Wiese zupfen & speisen & verbunden mit einem Spaziergang …

Magisches : Ein Muß in die Neunkräutersuppe, gehört aber auch zu den Maria Himmelfahrtskräutern. Sauerampfersamen von einem kleinem Buben gesammelt, helfen einem Mann als Amulett getragen bei vorzeitigem Samenerguß, von einem Mädchen gesammelt und von einer Frau getragen, soll ihre Fruchtbarkeit steigern.

Scharbockskraut Ranunculus ficaria

Namen : Butterblume, Gichtblatt, Feigenkraut, Frühlingssalat

Sammeln : Blättchen vor der Blüte April / Mai(danach werden die Blättchen leicht giftig!)

Inhaltsstoffe & Heilwirkung : Protoanemonin, Vitamine, Mineralstoffe

Der Name kommt von Skorbutkraut, da man früher mit diesem sehr Vitamin C haltigem Kraut Skorbutkranke behandeln konnte. Scharbockskraut verwendet man ausschließlich frisch im Salat , in Suppen oder eingelegt als Kapernersatz.

In der Signaturenlehre verwendet man das Scharbockskraut gegen Feigwarzen.

Taubnessel Lamium album

Namen : Ackernessel, Heiternessel, Honigblume, Eisblume

Sammeln : Ganze Pflanzen oder Blüten April bis September

Inhaltsstoffe & Heilanwendung :Schleimstoffe, Gerbstoffe, Saponine, ätherisches Öl u.A.

Schleimlösend, schmerzlindernd, krampflösend, entzündungshemmend, blutreinigend

Tee aus Blüten schmeckt nicht nur köstlich, sondern ist ein wunderbarer Frauentee bei diversen Frauenleiden, Nierenproblemen und sogar ein wirksames Mittel bei Blasenlähmung

Magisches : Wurzel an Maria Himmelfahrt gegraben , in fließendem Wasser & Wein gewaschen, als Amulett getragen schützt vor Gefahren aller Art auf Reisen. Wer einer Kuh eine Taubnessel um den Hals hängt, dem folgt sie angeblich überall nach.

Wegerich Plantago major (Spitzwegerich & Breitwegerich)

Namen : Sohlenkraut, Wegtritt, Sündenblatt
Sammeln : Blätter & Wurzeln Mai bis September
Inhaltsstoffe & Heilwirkung : Hoher Gehalt an Proteinen, Vitamin C , Mineralsalze
Der Wegerich wirkt gewebefestigend & reizlindernd & antiseptisch & blutstillend, kleine Wunden , Insektenstiche kann man wunderbar mit zerriebenen Wegerichblättern behandeln. Bei Atemwegserkrankungen , zum Rauchen aufhören, aber auch zur Blutreinigung, Stärkung und sogar bei Magersucht erfolgreich. Junge Blätter sind gut in einen Salat, dann eignen sich alle Wegericharten für sämtliche Wildgemüsegerichte.
Magisches : Zweitwichtigstes Kraut des Neunkräutersegens (nach dem Beifuss), Symbol der Fruchtbarkeit. Im Frauendreissger gesammelte Wurzel als Schutzamulett, Wegerichtee gegen Liebeskummer. Die Indianer nennen den Wegerich „ die Fußstapfen des weißen Mannes", weil er überall da auftauchte, wo die Weißen sich aufhielten.

Weide salix (verschiedste Arten)

Namen : Korbweide, Katzenstrauch, Maiholz, Weihbuschn
Sammeln : Rinde von 2-3 jährigen Ruten im Frühjahr
Inhaltsstoffe & Heilwirkung : Salicin, Glycoside, Flovonide, Gerbstoffe
Nervenstärkend, zusammenziehend, stopfend, schmerzstillend, blutstillend, fiebersenkend
Weidenrindentee als Aspirin unserer Vorfahren ! Weidenblüten sind ein sehr wirksames Beruhigungsmittel – einfach essen! Tee auch äußerlich gut zum Behandeln von Halsenzündungen , Zahneiterungen, eiternde Wunden , als Sitzbäder bei Weissfluß oder Vollbad für Rheumakranke. Bachblüte : Willow (Meister des eigenen Schicksals werden)
Magisches : Die Weide ist einerseits der Baum der Hexen, andererseits auch im Palmbuschn Zeichen des Lebens- hängt wohl mit dem altem Glauben an die Saligen(die wilden Bergfräulein/ Jungfrauen) zusammen, die sowohl gefürchtet als auch verehrt wurden. Salix – Salig - man brachte ihr diverse Krankheiten, schnitzte aber in den Palmbuschn vorsichtshalber Spiralen (denn unter der Rinde sitzt die Drud) – macht ein Wilderer beim Anmarsch des Jägers eine Schlinge in eine Weidenrute, so hat dieser Ladehemmung – Korbweide muß im April bei Neumond geschnitten werden, dann hält sie alles fest, was damit gebunden wird.

Maienlust & Hexen & Walpurgis

MAI – die römische Frühlingsgöttin Maja gab unserem Wonnemonat den Namen, viel unseres Maienbrauchtums stammt aus vorchristlicher, vorrömischer und wahrscheinlich sogar vorkeltischer Zeit.

1. Mai Walpurgis & Tag der Arbeit & Rote Fahnen & Freinacht & Beltane & Hexensabbat ..???

Bis in die Steinzeit zurück könnten wir die Spuren zurückverfolgen, die für diese Zeit Fruchtbarkeitsriten zeigen. Es ist vor allem die Verehrung der großen Mutter an sich, die diese Riten noch bis in die letzten Jahrhunderte hat lebendig sein lassen. Dass Sex heilig und wichtig für die Fruchtbarkeit der Erde ist, glaubten die Kelten und feierten diese Nacht dementsprechend. Dies ließ sich freilich mit den kirchlichen „Verteufelungsgeschichten" nicht wirklich vereinbaren. Wie auch immer haben wir aber hier in Bayern genug Brauchtum, um neu belebt unsere „Urwurzeln" feiern zu können (bitte ohne Beweisaufnahme !) Als erstes denken wir da an den Maibaum. Er symbolisiert beides : männliche und weibliche sexuelle Energien , wie auch die Tänze um ihn herum. In dieser Nacht wurden Erd -& Feuerenergien & Sexualität zusammengebracht. Das Feuer als Symbol der Wandlung – Menschen die darüber springen – Vieh das hindurchgetrieben wurde, um gereinigt zu werden, auch im übertragenen Sinn.

Die Amtskirche hat die *Hl. Walpurga* eingesetzt, einer am 1. Mai heilig gesprochenen Äbtissin. Sie ist von der mittelalterlichen Inquisition als Beschützerin vor „bösen" Zauberkünsten und als Hüterin der Hausfrauen, Mägde, Haustiere und Feldfrüchte eingesetzt worden. Ab da sind Hexe & Heilige im „Schwarzweißdenken" der Kirche getrennt gewesen. Der Tanz um die Dorflinde blieb obligatorisch, da sie ein Baum ist der hilft Bande zu knüpfen, Verbindungen herzustellen – Maitanz ist „unbandiges An-bandln" !

Und was ist aus der üppigen *Maikönigin* geworden, die die Römer in der Zeit feierten? Der Mai ist nun vor allem der *Marienmonat* und trotz allen Versuchen der Amtskirche bis heute die Verehrung der göttlich weiblichen Kraft einzuschränken bzw. zu verbieten : Maria steht eben jetzt für : Alles in Einer – eine in Allen und letztendlich passieren die wirklichen Wunder eben doch zumeist an Ihren Plätzen
(Oh Wunda !)

Eine mir sehr wichtige Freundin meinte vor Jahren einmal Ver -wundert : „Dann bist Du eine die in der Kirche rumfliegt !" nachdem sie von meinen Lektorinnendiensten hörte. Womit wir beim Thema „Hexen" wären :

HEXE – es gibt kaum ein Wort, das in mir widersprüchlichere Gefühle & Beschreibungen hervorruft – wenn ich mich als Christin fühle (wenn auch nicht romgetreu), darf ich doch keine Hexe sein ?!

Was ist eine Hexe? Wie ist eine Hexe?   HÄX HÄX HÄX

Kann eine gute Hexe Christin sein ? Kann eine Christin hexen ? Allein schon das Verbinden der Wörter in einem Satz tut weh, es brennt ! Das Brennen heilt vielleicht, wahrscheinlich!

Es sind diese vielen Jahrhunderte / Jahrtausende voller Frauenverachtung : Bei den christlichen Missionaren wurden die Frauen und ihre Aufgaben Zielscheiben des Hasses , bei frommen Asketen und Mönchen lösten (&lösen!) sie jeweils Verachtung und Furcht aus!
Die Priesterin- Mutter wurde zu etwas Unreinem, zu einer Verbündeten des Teufels.

Ihr überliefertes Wissen wurde zu einer höllischen Beschwörung und selbst ihre Kochkunst wurde zur Giftmischerei – ihr ganzes Dasein wurde für den Mann zu einem Quell der Sünde. So ist wohl aus der Frau als Mutter & Priesterin in ihrer ganzen Macht, die böse Hexe geworden.
Worte hierzu von einer Klosterschwester :

Wenn es keine Scheiterhaufen mehr gibt,
kann der Baum blühen, kann wachsen und vergehen
wenn es keine Scheiterhaufen mehr gibt
kann das Leben werden wie es kann mit aller Liebe & Lust & Freude
wenn es keine Scheiterhaufen mehr gibt
ist es aus mit der geliehenen Macht
ist es aus mit den Herrschern
die immer alles besser wissen &
Gedanken fesseln
Menschen schlachten
wenn es keine Scheiterhaufen mehr gibt
weichen die Steine dem Wind
steht am Eingang der Kirche
nur noch der heilige Geist

Zur Hl. Afra
von Aurelia Spendel

Eine Frau die als *Hagazussa* auf dem Hag , der Hecke, dem Zaun saß, der hinter den Gärten verlief und das Dorf von der Wildnis abgrenzte, war eine, die in beide Bereiche schauen & gehen konnte. Sie war eine Zaunsitzerin. Mit der Zeit sollte sich in ihr nur noch das verkörpern das von der Gesellschaft / Kultur hinausgeschmissen wurde und dann in verzerrter Form als Schreckgespenst-böse Hexe – Spiegel wiederkam um dann verbrannt zu werden.

Aber in vielen von uns Frauen ist die *alte Hexe* wieder aufgewacht und er-innert an die alten Geheimnisse der Mutter – Priesterin – Hexe !
Die Macht bleibt zweischneidig : Wir gehören niemanden, sind frei, ungezähmt, lustvoll und wild.

Wir wissen viele Geheimnisse und weisen Wege in andere Welten, indem wir
z. B. Spinnen, Kräuter & Steine & Wasser & Federn finden & wahrsagen(losen) &
Krankheiten, Wetter etc. be- sprechen & Binden & Lösen …

Solches Tun löst immer noch : Neid, Hass und Angst bei vielen Menschen aus
und bei uns Frauen selbst, nicht selten ein unnötiges (siehe Verantwortung fürs eigene
Maß) schlechtes Gewissen !
Aber immer weniger ! Frei nach dem Spruch : Ist der Ruf erst ruiniert, lebts sich gänzlich
ungeniert ! HÄX HÄX HÄX

-

*So möge Maria / Maia / Walpurgis die Zaunsitzerin / Hexe in uns bestärken
und lebendig sein lassen !* Falls einer der männlichen Leser dieses Buches jetzt nicht mit
dem Kopf schüttelt , syphisant grinst und spöttet, dann freue ich mich von ganzen Herzen
mit ihm und seiner Hexe & seines Hexers in sich !

Grüne Männer & Hl. Geistin & Hoch-zeit von Himmel & Erde

Von wegen Hexer & Zauberer und der männlichen Kraft : Da taucht ja auch noch der
Teufel auf, mit dem es die Hexen in der Walpurgisnacht treiben sollen.
Wer ist da ver-teufelt worden, vor welcher Kraft hatte die Kirche da Pan-ik ?
Der Mai ist eine Zeit, in der die Natur fast explodiert, grün, grüner am grünsten –
Blütenregenblätter brennen schon fast auf der Haut, die Natur be- rührt uns, berührt auch
unsere Sexualität. Alle Blütenkelche sind bereit für Stempel, Stäbe etc., Aronstäbe
strotzen in lichten Buchenwäldern, und die bayrischen Männer tragen den Maibaum mit
aufgekremelten Ärmeln wie ihr eigenes Teil vor sich durch den Ort ! *„Georgi bringt grüne
Schuh"* (23. 4.) – ab dem Tag dürfen die Kinder barfuss gehen. St. Georg der mit seinem
grünen kurzen Mäntelchen die Lanze in den Drachen stößt als der Grünemann &
Pannachfolger? Pan ist wach geworden, der in der Mythologie der Griechen der Gott des
Waldes, der grüne Vegetationsgott war. Er wurde auch schon damals mit den Attributen
eines Ziegenbockes dargestellt, das aber nicht als schlecht sondern schlicht für unbändige
Sexualkraft stand.
Seit ca 700 n. Chr. wurde er die Personifikation des Teufels und in die Hölle verbannt (da
wo ja auch die sogenannten Hexen und überhaupt die Frauen mit ihrer Fruchtbarkeit,
Sexualität etc. hingehören sollten) und als Heiliger Georg sollte er zumindest den
Drachen als Inbegriff der weiblichen Sexualkraft mit seiner Lanze (!) beherrschen ! *Und
heute ?*
Pan- ik vor den durch Internet ,Pornos etc. abgebrühten Männern? Vielleicht spielen sie
mehr den je mit ihrer Sexualkraft, sie können die Nacktheit von Millionen sehen und sich
daran aufgeilen. Sie können sogar traute Zweisamkeit mit *Swingerclubs* ganz legal
aufmotzen und den weiteren Möglichkeiten sind keine Grenzen gesetzt.

Ist das aber die Kraft des Pans, die Kraft des grünen Mannes ?
Ihr Männer, seid ihr be – rührt von Mutter Erde? Seid ihr in Verbindung mit ihr und zeigt
ihr und ihren Vertreterinnen eure Ehrerbietung ? Achtung & Anerkennung ist zu wenig,
ich kann ja auch nicht nur sagen „ich achte & anerkenne Gott & Göttin" das allein ist
zwar schon nicht schlecht, aber was kommt dann ?
Vertraut ihr wirklich und gebt euch und euer Sein in göttliche Hände ?
Seid ihr bereit aufzuwachen und euch auf wirklich Unbekanntes einzulassen ?
Bereit in Ehrerbietung zu spielen und schöpferisch zu sein?
Oder fehlt bereits schon die Achtung & Anerkennung zu uns Frauen ?
Was ist aus dem singenden, tanzenden, Flöte spielenden, wilden Mann in Euch
geworden? Dem Mann, der gleichzeitig Priester, Medizinmann und Liebhaber ist?
Seid ihr ein Sohn der Erde und doch durch und durch männlich ?

Auf die meisten von euch kann Frau aufgrund dieser Ermangelungen gut verzichten,
schade eigentlich um die Pankraft an sich!

In die Maienzeit fällt auch das Fest *Christi Himmelfahrt* und dann *Pfingsten* . Schauen
wir uns das Brauchtum drum herum an, finden wir auch wieder die Bilder von Begegnung
der männlich göttlichen Kraft mit der weiblichlich göttlichen Kraft. Den 40 Fastentagen
vor Ostern entsprechen die 40 Freudentage von Ostern bis Christi Himmelfahrt, jener
Zeit, in der Christus seinen Jüngern noch mal leiblich erschien, um dann *in den Himmel*
zu fahren. In vorigen Jahrhunderten ist dies am „Auffahrtstag" noch sehr bildhaft in der
Kirche dargestellt worden, eine Christusfigur wurde durch das sogenannte
„Heiliggeistloch" nach oben gezogen. In die Richtung, in die sie sich dabei wendete, aus
der erwartete man dann das erste Gewitter. Dann regnete es aus dem Himmel
(Kirchendach) Oblaten, Süßigkeiten, Blumen und dergleichen. Der Himmel sei offen an
diesem Tag, und dies wurde in mehrlei Hinsicht gesehen. *"Der Auffahrtstag lasst*
Bremsen naus" - erste Gewitter waren möglich und vor allem als Schutz davor und
sonstigen ungünstigen Einflüssen für die Ernte war die sogenannte Bittwoche davor
gedacht & zelebriert. Gewitter am Auffahrtstag direkt waren von Christus selbst, und es
war der Tag, an dem Versöhnung am liebsten stattfand, weil eben der Himmel näher war.
Der Auffahrtstag fällt auch immer auf einen Donnerstag, der seinen Namen vom *Donar,*
dem Wettergott hat, der mit seinem Hammer den Donner erzeugt. Auch beim Essen
wurde das „Fliagate" materialisiert, Gebäck in Form von Vögeln & Engeln , Geflügel
wurde gegessen. Mancherorts war heute der Tag für die Mädchen, die Brunnen mit
Girlanden (mancherorts an Ostern oder Anfang Mai) zu schmücken. Immer ist der
Brunnen ein Symbol der Göttin , die nun als jugendliche Göttin des Frühlings aus dem
Brunnen steigt (siehe Frau Holle).
An vielen Orten wurden nach dem Gottesdienst ein Strohteufel an einer Stange
verbrannt und die Asche dann über die Felder segnend verteilt!

Die Flurprozessionen bzw. Bittgänge in der Bitt / Schauerwoche und diese am sogenannten Schauerfreitag (den Freitag nach Christi Himmelfahrt), waren sehr wahrscheinlich auch vorchristlichem Ursprungs. Bis zum Mittelalter waren es Flurtänze um die Fruchtbarkeit zu wecken, die Felder zu segnen und ungute Energien fernzuhalten. Schade, dass der Tanz als Gebetform im Mittelalter verboten wurde!

Das ganze Brauchtum geht über, in das von Pfingsten, in dem wir das Herabkommen des heiligen Geistes in Form von Feuerzungen feiern. So wurden auch an diesem Tag (50 Tage nach Ostern) Pfingstrosenblätter, oder früher sogar brennendes Werg aus dem „Heiliggeistloch" gestreut. Weit verbreitet war auch der Brauch, eine Taube (echt oder hölzern) als Sinnbild des heiligen Geistes in den Kirchenraum zu lassen.

Der Heilige Geist ist Sophia, die versteckt auch um diese Zeit als *„kalte Sophie"* als Teil der Eisheiligen im Mai im bayrischen Bauernkalender erscheint. *(15. Mai)*

„Pankrazi, Servazi, Bonifazi sind drei frostige Bazi und zum Schluß da fehlt nie die koid Sophie !"

Sophia war die heiliggesprochene christliche Variante der gnostischen großen Mutter, lateinisch sapentia, griechisch Sophia, hebräisch Shekina, der Heilige Geist oder Chokma, die weibliche Weisheit.

In der Trattato Gnostico hieß es, die Sophia sei die Mutter Gottes, die "grosse, ehrwürdige Jungfrau, in welcher der Vater seit Anbeginn verborgen war, noch ehe er etwas erschaffen hatte." Sophia als Quelle der Kraft Gottes, als Gebärerin und Gefährtin von Christus ? SOPHIAGOTT –CHRISTUSSOPHIA

(hierzu „ Die Weisheit hat ihr Haus gebaut" Silvia Schroer 1996).

Wie untragbar für die römische & paulinische patriache christliche Entwicklung …! Nicht umsonst müssen alle Theologiestudenten einmal in ihrem Studium die Darstellung in der *Urschallinger* Kirche (bei Prien am Chiemsee) gesehen haben, warum weiß ich nicht, wo sie es doch eh nicht glauben wollen! Dort ist in einem romanischem Fresko der heilige Geist als Frau, aus der Gott und Christus „wachsen", dargestellt ! Weitere Bilder gibt es in Antwort bei Bad Endorf und auch anderswo lohnt es sich hinzuschauen!

Die Amtskirche versucht andere Versionen der Sophia zu kreieren, aber diese Bilder und auch ein im 6 Jahrhundert entstandenes Werk ihr zu Ehren: "Hagia Sophia" lassen sich nicht einfach umbenennen.

Ich persönlich habe keine Lust mehr, mich belügen zu lassen, mich hat dieses Bild in Urschalling bewogen, trotzdem in der Kirche zu bleiben ! Eben gerade deswegen !

Die Taube der Aphrodite und anderer antiker Liebesgöttinnen ist das Symbol der Sophia und galt als Symbol des Heiligen Geistes. Auch da lohnt es sich hinzuschauen. Warum schwebt wohl die Taube immer über allen, auch wenn der erotische Liebesaspekt in der Kirche weggeredet worden ist?

Oh Kraft der Weisheit umkreisend die Bahn
Die eine des Lebens ziehst um das All,
Du die Kreise alles umfangend
Drei Flügel hast Du,
in die Höhe empor schwingt sich der Eine
Auf die Erde müht sich der Zweite
Und all überall schwingt der Dritte
Lob sei Dir Weisheit
würdig des Lobes.

Hildegard von Bingen

urschallinger weisheit
atem der mitte, wind der liebe
sanftes säuseln, sturm übern see

blas um unsere wand
beweg uns zur wandlung

roter wind erwecke dich in uns

heile, heile segen
segne uns
damit wir einander segnen
amen

m.g. 2004

Urschallinger Kirche

Pfingsten

An Pfingsten gab es sehr ähnliches Brauchtum wie zu Walpurgis. Wenn wir nun die Taube als Attribut der Weisheit und ursprünglich der Göttin der Liebe sehen, wäre die Verbindung auch wieder logisch. Und ähnlich wie an Walpurgis gab`s den *Pfingstmaien* – frische Birkenäste geschmückt mit Bändern und Blumen der Liebsten geschenkt und vors Haus gesteckt : „ Ich bin Dir grün" ...
Schandmaien waren logischerweise weniger beliebt : Kirsche – Klatschsucht, Weissdorn- will unbedingt geheiratet werden, dürre Fichtn -...! Dies war auch ein sogenannter "Mailehen" – der den Tanz für das Jahr zum Zwecke näherem Kennenlernens festlegte.

Es gab Mai / Pfingstspiele rund um den Mai- / Pfingstbaum, es wurde eine Pfingstkönigin und ein Pfingstkönig gewählt. Hier im Chiemgau hab ich davon nichts in Erfahrung gebracht, aber Manfred Becker-Huberti beschreibt dies in seinem „ Feiern, Feste, Jahreszeiten" und dies gefällt mir so gut, dass ich es einfach erwähnen muss. Hier gab es aber sehr wohl den Brauch des *Pfingstels,* einem Mann ganz in frisches Grün gekleidet, der im Dorfgeschehen auftrat und wahrscheinlich tanzte. Und da ist er dann doch wieder der grüne Mann & Pan ! Ein Pfingstochse war wahrscheinlich früher ein geschmückter Ochse, der dann rituell geopfert wurde – jetzt bezieht sich dieser Begriff immer auf einen, der zwar „schön" ausschaut, aber nur, weil er noch nicht ahnt, dass er bereits verloren hat. Auch gab es vielerorts im deutschen Sprachraum noch viel anderes regionales Brauchtum, Flurumritte, Prozessionen und vor allem Springprozessionen, die als Überbleibsel der Tänze zu sehen sind. Ansonsten war jeder froh, wenn es an Pfingsten geregnet hat : *„Nasse Pfingsten – fette Weihnachten" „Wenn`s zu Pfingsten regnet, ist die Erde wohl gesegnet !"*

Der Sonntag nach Pfingsten heißt Dreifaltigkeitssonntag, an dem es noch mal speziell um die Dreifaltigkeit geht – siehe Heiliger Geist & Weisheit & Sophia !!!

Den Donnerstag darauf hat die katholische Kirche ein" Höhepunktsfest" aller Prozessionen. *Fronleichnam* (hier auch Prangertag genannt) wurde von M. Luther schlichtweg als Gotteslästerung bezeichnet. Es feiert die Eucharistie als Opfer, Kommunion(Opferspeise) und die Realpräsenz Christi im Tabernakel, als Ziel der Anbetung. Dieses Fest wurde von der Hl. Juliana von Lüttich initiiert (1258) und Thomas von Aquin war maßgeblich an der Textgestaltung beteiligt. Möglicherweise hat sich am Ursprungsgedanken etwas geändert, aber es ist hier im Chiemgau zumindest eine „Ehrensache" für jeden Trachtler (auch wenn er sonst mit Glaube& Kirch nichts zu tun hat), bei der Fronleichnamsprozession mitzugehen. Es schwingt auch immer ein bißchen mittelalterliches „Ablassdenken" mit : „ jetzt hab ich meine Schuldigkeit getan und vor allem – alle habens gesehen !" In vielen Orten wird aus diesem Tag ein großes Fest mit „Spielen". Mancherorts werden regelrechte Blumengemälde am Boden gelegt.
Warum der Tag auch Bluttag hieß, die Mädchen frühers mit neuen weißen Gewändern und Kräuterkränzen gingen und nachher Jungfernnudeln & Jungfernschmarrn an die Burschn verteilten, hab ich zwar nicht in Erfahrung gebracht – aber ich finde es logischerweise sehr spannend!

So könnte diese Hoch –zeit der Berührung von Himmel und Erde mit all seinen Kräften und seinen Bildern in der Natur auch für uns ein sich noch mehr Einlassen in die *bedingungslose, unvoreingenommene Liebe* & ein unbandiges
An-bandln mit allen Elementen bedeuten.

Aronstab

Die Erste Mahd

D´LUFT IS SCHWANGER VON IHR
VERHEISSUNG DER SOMMERFÜLLE
SÜSSWÜRZIG – GOLDEN
TIEF EINATMEN BIS
SICHS IN MIR AUSBREITET
SCHMERZLICHWARME WINTERMEDIZIN

DIE ERSTEN WETTERHEXEN SAMMELN
ZUM HIMMELFAHRTSTANZ
ÜBER DIE ABGEMÄHTEN WIESEN
KEINE WIESENELFE SIE BESÄNFTIGT
EIN SCHNELLER TANZ DER EKSTASE
WEIL TANZ DAS SCHÖNSTE VORSPIEL IST
HIMMELFAHRTSWURZNBLÄTTER
 IM ROTEN SCHUH
DA IST DAS MADL ABER FROH

SCHLAGT DER BLITZ RICHTIG EIN
HODS MADL UMGMAHT
BRENNTS LIACHTALOH

BIS DER REGN LÖSCHT
UND NEIS WACHSEN KON AUF DERA WIESN
BIS ZUR NÄCHSTEN MAHD

M. G. 2003

Maienlustkräuter aus Garten & Wald

Ich möchte hier ein paar landläufige Küchenkräuter u. a. vorstellen, die für mich zum Mai und zur Maienlust gehören, also Kräuter, die uns anregen, beleben & stärken und folglich *„gut für die Liebe"* sind ! Alle vorher beschriebenen Frühlingskräuter gehören zum größten Teil natürlich auch dazu, hierbei sind *Bärlauch & Brennessel* hervorzuheben, die die Lust in jedem Fall steigern!

Akelei Aquilegia vulgaris *(schwach giftig & geschützt)*
Name : Adlerblume, Tauberl, Fünfvögerl, Columbine
Sammeln : Blüten Im Mai / Juni aus dem eigenen Garten
Inhaltsstoffe & Heilwirkung: Fett, Nitringlykosid, Lipasen, Alkaloide, Blausäure bildendes Glykosid
Akelei wirkt leberanregend, hautverschönernd, potenzanregend, fiebersenkend, entgiftend
Die Akelei verwandelt laut Paracelsus die Sonnenenergie in Liebesfähigkeit und verhindert sexuelle Schwächezustände. Anwendung als Tee, als Essenz, als Wein oder frisch als Blüten gegessen (nicht mehr wie eine pro Tag) – auch sonst Vorsicht mit der Dosierung, da die Akelei eben schwach giftig ist . Die ganze Pflanze, auch die Blätter, strahlen Liebesenergie aus, es verwundert kaum dass die Pflanzenknospen früher wie Spargel gegessen sehr begehrt waren, auch als Heil & Vorbeugemittel bei Krebs.
Magisches : Die Akelei galt immer schon als Symbol des Lebens, das über den Tod siegt. Das lateinische Aquila heißt Adler und wie auf Adlerschwingen präsentierte sich einst die Akelei als Attribut der Göttin Freya (Fruchtbarkeitssymbol) ,später als Blume der Jungfrau Maria. Samen sollen bei Verhexungen vor allem im Zusammenhang mit Potenz wirken. Die Blüte spielt außerdem in der Zahlenmystik eine Rolle, sie stellt den goldenen Schnitt dar oder das Pentagramm – die Verbindung von Mensch zu Gott.

Aronstab Arum maculatum *(giftig & geschützt)*
Namen : Trommelschlägel, Himmelfahrtswurzn, Pfaffenpint
Die Namen & Anwendungen haben mit Sicherheit mit der erotischen Ausstrahlung des Blütenstandes im Mai zu tun! Aronstab verliert durch Abkochen und Trocknen seine Giftigkeit , aber ist wie gesagt geschützt !
Magisches: Aphrodisiakum vor allem älterer Herren, als Himmelfahrtswurzel steckten sich die Mädchen im Chiemgau vorm Tanzen gehen ein Wurzelstück oder ein Blatt in den Schuh, dann waren ihnen die richtigen Männer sicher. Als Sympathiemittel hängte man Kindern mit Bindehautentzündung ein Stückchen Wurzel um den Hals, gepulverte Wurzel wurde gegen den Biss toller Hunde auf Wunden gestreut, Räucherungen sollen Ungeziefer sehr wirksam vernichten, nach Hildegard von Bingen ist er ein Antidepressivum.

Liebstöckel Levisticum officinalis

Namen: Maggikraut, Gebärmutterwurz, Gichtstock, Liebesstock, Luststöckl, Suppenkraut

Sammeln: Kraut Frühjahr bis Herbst, Wurzel & Samen im Herbst

Inhaltsstoffe & Heilanwendung : Ligustilid, Terpineol, versch. Säuren, Verschiedene ätherische Öle, Fette, viel Eisen, Angelikasäure, Gerbstoffe u. a

Wirkt hormonsteigernd, harntreibend, auswurffördernd, stuhlfördernd, magenstärkend, appetitanregend – ein"Allroundkraut" das bei Blasenentzündung, genauso wie bei Migräne, Menstruationsschmerzen, Eisenmangel und als Geburtshilfe und bei Mandelentzündung hilft (da schlürft man heiße Milch durch einen Liebstöckelstängel). Ansonsten verwendet als Gewürz (wenig hat bereits den intensiven Maggigeschmack), heilt es sozusagen beim Essen. Eine Suppe mit Maggikraut ist also auch ein Heilmittel! Wie im Namen bereits klar, ist es ein wirkliches Kraut für die Liebe. Es gibt einen Kinderreim, in dem die ganze Wahrheit enthalten ist :

„Petersilie, Suppenkraut wächst in unsrem Garten, unser Ähnchen ist die Braut, mag nimmer länger warten" Auf was sie wohl nicht mehr länger warten mag ? Liebstöckel ist nämlich gut für die Liebe einerseits und andererseits ein menstruationsförderndes Mittel ! (Also für Schwangere nicht geeignet !)

Magisches : Liebestränke aus der Wurzel, am Georgitag Wein & Wasser durch die Stängel getrunken ist sehr gut für die Liebe, Kraut am Himmelfahrtstag auf ein Kreuz gebunden hilft das ganze Jahr vor Kreuzschmerzen zu schützen, als Sprengkraut hat es reinigende Eigenschaften und vertreibt negative Schwingungen

Melisse Melissa officinalis var.citrata

Namen : Zitronenmelisse, Frauenkraut, Herzkraut, Nervenkräutl, Zahnwehkraut, Mutterwurz, Pfaffenkraut, Nierenkraut

Sammeln : Vor der Blüte im Mai oder später frische Triebe

Inhaltsstoffe & Heilwirkung: Citral, Citronellal, Geraniol, Gerbstoffe, Vitamine, Kalium Mineralstoffe u. a.. Wirkt belebend, krampflösend, beruhigend, nervenstärkend, magenstärkend, leber & galleanregend, kräftigend

Ob als Tee, als Gewürz oder als berühmter Melissengeist, Melisse wirkt (laut Paracelsus) als Lebenselexier und weckt sozusagen die Lebensgeister einerseits und stärkt sie vor allem andererseits.

Magisches : Bei uns vor allem als Bienenzauber wichtig (Mellissophyllon bedeutet Bienenblatt)- um nicht gestochen zu werden trage man einen Kranz aus Melisse – Bienenstöcke wurden mit Melisse eingerieben um die Bienen im Stock zu halten. Bei Räucherungen, wo man um Schutz für Haus & Hof, um Liebe und Heilung bittet, darf Melisse nicht fehlen.

Petersilie Petroselinum crispum

Namen :Peterchen, Peterlein
Sammeln : Blätter im Sommer, Wurzel, Samen im Herbst
Inhaltsstoffe & Heilanwendung : Apiol, Appin, Äther. Öl, Flavonoide, Nicotinsäure, Vitamin C
Petersilie ist wassertreibend, abtreibend, appetitanregend, krampflösend.
Eines der wunderbaren Küchenkräuter, Vitaminspender etc. für Schwangere (siehe Liebstöckl) nicht geeignet ! Tee wirkt gut bei Menstruationsbeschwerden.
Magisches: Petersilie steht für Liebe soviel wie für Tod, was sich mit den abtreibenden Eigenschaften vielleicht doch erklären würde, sie wurde bei den Griechen sowohl als Hochzeitskranz als auch als Totenkranz verwendet. Es gibt einige wunderliche Sprüche, was die Petersilie anbelangt: Petersilie muss neun mal zum Teufel gehen bevor sie wächst, sie wächst nur, wo die Frau tonangebend ist. Eine Frau die Petersilie sät und nicht die Hausherrin ist, würde schwanger werden. Bei Gewitter gepflückt ist sie wirksamer. Gebratene Petersilie treibt einen Mann in den Sattel und eine Frau in ihr Grab.

Pfefferminze Mentha piperita

Namen : Ackerminze, Gartenminze, Hirschminze, Mutterkraut, Katzenbalsam
Sammeln : Blätter und Blüten im Sommer
Inhaltsstoffe & Heilanwendung : Gerbstoffe, Bitterstoffe, Menthol, ätherische Öle u.a. Kramflösend, galle und leberwirksam, blähungswidrig, wurmtreibend, schleimlösend, nervenstärkend, keimtötend, schmerzlindernd
Pfefferminztee ist der beste Tee bei schmerzhaften Magen & Darmgeschichten, er sollte nicht als Dauertee getrunken werden, weil er sonst nicht mehr so wirkt, auch für Kinder nicht als Haustee zu empfehlen, da die meisten Kinder schon „wach" genug sind! Viele andere Minzearten gibt es mit ähnlicher Heilwirkung. Minzeöl ist gut bei Reiseübelkeit. Es wird empfohlen keine Minze während einer Hömopathischen Therapie zu nehmen. Alle zwei Jahre umpflanzen, sonst wird wieder Rossminze daraus.(mehr Bitterstoffe)
Magisches : Die Minze gilt als Bote der Freundschaft und Liebe einerseits und als Schutzmittel gegen alle unangenehmen Einflüsse – Strauch vorm Haus, Tische damit abreiben– ausstreuen in Räumen oder Räuchern hat stark reinigende Wirkung, hält Fliegen, Bakterien fern, erfrischt, klärt Gedanken, energetisiert Körper & Geist um gut im Hier und Jetzt zu sein!
„ Will jemand alle Eigenschaften der Minze nennen können, muss er wissen, wie viel Fische im Indischen Ozean schwimmen"
Wilafred Strabo, Dichter 12. Jahrhundert

Rosmarin Rosmarinus offinalis

Namen : Lieblingskraut, Kranzkraut, Meertran
Sammeln : vor & nach der Blüte
Inhaltsstoffe & Heilanwendung : Äther. Öl, Cineol, Borneol, Campher,
Rosmarinsäure u. a.
Appetitanregend, kreislaufunterstützend, krampflösend, galletreibend, nervenstärkend,
hautreizend, anregend
Eines der beliebtesten Küchenkräuter, das zum einen Herz und Kreislauf stärkt, die
Potenz steigert, aber auch reinigende, antiseptische Eigenschaften hat. Rosmarin passt zu
allen südländischen Speisen und ist wie gesagt eines der die Liebe förderlichsten Kräuter.
Auch wunderbar für Haut & Haar.
Magisches : Als Pflanze der Aphrodite war Rosmarin das Kraut der Brautleute, im
Mieder der Braut, am Hut / Revers des Bräutigams – sollte während der Hochzeitsfeier
nicht runterfallen, da es sonst Unglück bedeutete. Nach der Hochzeit wurde ein
Rosmarin gepflanzt, gutes Anwachsen bedeutete gutes Gedeihen der Ehe. Man gab aber
auch den Toten ein Rosmarinzweiglein mit in den Sarg.

Waldmeister Galium odoratum

Namen : Herzenskraut, Magenkraut, Waldmandl, Maikraut, Tabakskraut
Sammeln: vor der Blüte für Bowle & Säfte, in der Blüte für Tee
Inhaltsstoffe & Heilwirkung : Cumarin, Öl, Gerbstoff, Vitamin C u.a.
Anregend, herzstärkend, harntreibend, keimtötend, blutreinigend, schlaffördernd
Als wunderbares Kraut, das ein frohes Herz macht und vielerlei Leiden wie Migräne
heilen kann, auch bei Neuralgien und Hysterien angezeigt.
Als Maibowle bekannt als eines der wichtigsten Maikräuter!
Erst im leicht angetrockneten Zustand entfaltet das Cumarin seinen feinen
Vanillegeruch, passt gut zu Nachspeisen, größere Mengen können Kopfschmerzen &
Verdauungsprobleme bereiten !
Magisches: Waldmeister gestreut, in Matratzen gestopft, vertreibt Griesgram und lässt
Herzlichkeit ins Haus ziehen, Kühen die nicht fressen wollen, gibt man Waldmeister !
*„Und würde der Waldmeister nicht helfen bei einem zwiedernem Mannsbild, könne ja
frau immer noch auf den Eisenhut in der Matratze vertrauen"* Aussage einer sehr lustigen
Chiemgauer Jungfrauenhexenfreundin im Hier und Jetzt!

Waldmeisterbowle

Zutaten: Ca 20 frische Waldmeisterstängel-untere Blätter entfernen – mit Haushaltsgarn
verbunden (vor der Blüte geerntet), 150 g Zucker, 3x 0,75 l
frischen Weißwein, 1 Flasche Sekt, unbehandelte Orangenscheiben oder Wildblüten zur
Dekoration.

Zubereitung : In einem Bowlegefäß Zucker mit einer Flasche Weißwein unter Rühren
auflösen – Kräuterbüschel ca 30 Min hineinhängen, ziehen lassen,
Kräuterbüschel entfernen, zwei weitere Flaschen Wein hinzugeben, kurz vorm servieren
die gut gekühlte Flasche Sekt hinzugeben und mit Orangenscheiben und / oder Wildblüten
dekorieren.

Waldmeisterbowle alkoholfrei

Ein Büschel Waldmeister (vor der Blüte) einige Stunden anwelken lassen, dann mit Kopf
nach unten in 1L mit Wasser verdünnten Apfelsaft geben, Schnittflächen der Stiele nicht
mit in Getränk in Berührung kommen lassen, zwei unbehandelte Zitronen in Scheiben
dazugeben, alles mindestens 30 Min abgedeckt ziehen lassen. Ein erfrischendes Getränk,
das man noch süßen oder mit Mineralwasser verdünnen kann .

Beide Rezepte stehen nur im April/ Mai zur Verfügung, man kann den Waldmeister aber
wunderbar in Wein ansetzen, der wirksamer als Tee ist und aus dem man das ganze Jahr
Bowle herstellen kann.

*Abschließend zum Thema Lust & Liebe & Kochen werde ich
nochmals meine
„Weisheit" los, die einst bei einem Picknick im Brüsseler Stadtpark
mit meiner
belgischen Freundin Caroline entstanden ist : Männer sind so im
Bett wie sie kochen - das gilt für uns freilich auch –ufz
Also werden nebst erlesenen Zutaten wie Kräuter auch das Wie,
das Wann, das für Wen, das Drumrum , die Vorlieben und
überhaupt entscheidend !
Wie kochst du, wie genießt du, von wem lasst du dich bekochen und
gehst wie damit um ? .... Viel Spaß beim" Analysieren" –
es stimmt wirklich und lässt vor allem viel Raum zu lustvollen
Veränderungen !*

Sunwendkraft & Sunwendfeuer & Sunwendkräuter

Die Sonnwendzeit ist die hellste Zeit des Jahres, diese Zeit entspricht im umgekehrten Sinn der Wintersonnwendzeit (Weihnachten, Rauhnächte, Dreikönig). Dementsprechend gilt auch: Es ist eine sehr segensreiche Zeit aber meist auch eine sehr bewegte Zeit. Ist es am dunkelsten, wird die Kraft des Lichtes am spürbarsten – Weihnachten!
Jetzt an Sommersonnwend ist es am hellsten und doch werden die dunklen unbekannten Kräfte nun am spürbarsten. Ab jetzt kehrt die Sonne ihre Bahn
um, die Tage werden wieder kürzer. Aber zunächst ist es an der Zeit die Fülle zu feiern , die verschwenderische Feuerkraft der Sonne, und in uns die Lebenskraft, die schier explodieren will. Aus den Samen sind Früchte geworden, es gibt Blumen und Beeren im Überfluss. Mit all dieser Lebenskraft wollen wir uns verbünden & verbinden, um für die kommende dunkle Zeit gewappnet zu sein. In diesen Nächten, auch Mitsommerzeit im hohen Norden genannt, seien die Tore zur Anderswelt geöffnet. Es gibt viele Sagen und Märchen, die von geheimnisvollen Schätzen berichten, die sich nur in diesen Nächten finden lassen würden. So ist unterm Holunder das Tor zum Elfenreich und manchmal könne man eine Elfenhochzeit an Sonnwend dort beobachten. Es waren Tage voller alter Riten: Ein großes Sonnwendfeuer, Feuersonnenräder(Scheibnschlagn) die den Berg hinabgerollt wurden, lautes Schreien & Peitschenknallen… ! Der alte Sonnengott Baldur /Wotan stirbt – Johannes hat diese Funktion übernommen !
Also heißt es heute Johannisfeuer oder Petersfeuer und hat wohl eher selten was mit den Sonnwendfeuern unserer Vorfahren zu tun. Zu heidnisch- zu hexisch, zu esoterisch (sagt man heutzutage am liebsten) – lieber schön brav , ja nicht zu
wild …!
Ein *Sonnwendfeuer* wurde aus neunerlei Hölzern aufgerichtet. Hier taucht wieder die heilige Zahl Neun auf, wie bei der Gründonnerstagssuppe. Der ursprünglich keltische Brauch, sich mit neun Holzarten und deren Kräften zu verbinden, hat sich gut halten können, weil dies relativ unsichtbar geschehen konnte. Ob ein Gartentürl aus neun Hölzern oder ein Mobileähnliches „Gehängsel" im Haus, die Neun hat immer Schutz & Segensfunktion. Die Zusammenstellung variierte sicher von Gegend zu Gegend, aber jeder Baum hatte seine eigene wichtige Segensfunktion mitsamt seiner Wandlungsfähigkeit, die vor allem im Feuer zum Tragen kommt. Holunder hat z. B. keinen Brennwert aber eben die Fähigkeit die Percht und die Ahnen zu rufen. Sonst können dazu gehören : Hasel, Wacholder, Eiche, Buche, Esche, Birke, Erle, Fichte, Tanne, u.a.. Das Feuer wurde ursprünglich von einer ehrwürdigen alten Frau oder einem jungen Paar entzündet. Die Kelten entfachten es mit Beifuss, damit die Göttin selbst präsent sei. Mit ebenfalls Beifuss umgürtet und mit Gundelrebe & Kräuterkränzen auf dem Kopf wurde nun ums Feuer getanzt und wird wieder ums Feuer getanzt ! Des mittags zum höchsten Sonnenstand gesammelte Sonnwendkräuter als Kränze oder Zöpfe geflochten werden am Feuer „geweiht", die alten vom letzten Jahr verbrannt.

Viel Rauchentwicklung war / ist durchaus erwünscht – viel Rauch bedeutet viel Segen, und mit viel Lautem zusammen vertreibt es alle unangenehmen Geister, die durchaus auch in diesen Nächten unterwegs sind! Sobald es möglich ist, heißt es : übers Feuer springen (mindestens dreimal) – dies reinigt und segnet fürs kommende Jahr. Sprang ein Paar zusammen, war dies auch eine Art Versprechen für das kommende Jahr !
In der Glut war auch das Feuerlosen beliebt, Formen, Zeichen sehen, Orakeln im Feuer – später wurde die Kohle mitgenommen als Segen für die Felder, den Garten etc.

Johannizeit ist aber auch, wie schon am Anfang erwähnt, Wende/Schwellenzeit, d. h. nicht ganz ungefährlich, da die Anderswelt offen ist. Begegnungen mit Elfen & Zwergen & Feen und Gespräche mit Tieren sind in dieser Zeit allemal leichter, genauso wie in den Rauhnächten im Winter! Es ist auch die Zeit, in der Jungfrauen in Märchen erlöst werden können, es ist also eine Zeit zum Lösen & Binden, zum Losen sowieso, besonders Liebesorakel waren & sind begünstigt! Aber all solche Begegnungen, Aufgaben und Erlebnisse erfordern eine gute Aufmerksamkeit, ein gutes „in seiner Mitte stehen" und vor allem ein liebendes Herz, dann können einem auch unlösbar erscheinende Aufgaben, Zeitlöcher u. ä. nichts anhaben.
Bäuerinnen schützten Haus & Hof vor unangenehmen Einflüssen mit dem obligatorischen umgekehrten Besen vor der Tür und natürlich mit den besagten Johanniskräutern!

Die Heilwirkung dieser Zeit ist : *Stärken, reinigen, schützen.*

Übers Feuer springen ist ein Bild des :
Wie kann du mit Feuer umgehen, wie mit „unbandiger" Lebensfreude & purer Lebenslust & Drachenkraft ?
Kennst du das Feuer, macht es dir Angst oder tanzt du damit wie die
Hl. Margarete mit dem Drachen ?

Weitere Fragen & Wandlungsmöglichkeiten sind :

Bist du mit der roten Kraft verbunden, mit der Lebenskraft, mit der Herzenskraft ?
Ist dein Herz offen für das ROT oder bist du noch gefangen im SCHWARZ/WEISS Denken ?
Welchen Schutz & Segen suchst du, wie
willst du dich abgrenzen?
Was nährt dich und mein Feuer wirklich?
Was törnt dich an?
Was gibt dir Kraft?

> *Alles andere kannst*
> *du dem Feuer zur*
> *Wandlung*
> *übergeben.*

Sonnwend 2005

Sonnwendkräuter

Die jetzt gesammelten Kräuter haben ganz besondere Eigenschaften , man nennt sie auch sogenannte Berufs/ Beschreikräuter.

Das sind Kräuter, die voll der Sonnenkraft, die sie jetzt getankt haben, dann übers Jahr all die unangenehmen, dunklen Einflüsse abwehren und innere & äußere Wolken vertreiben können ! Sie sind am Fensterkreuz & Tür und am Hausaltar aufgehängt sowohl ein Schutz vor Gewittern, als auch ein Schutz vor neidigen Blicken, Gedanken und Worten. Sie gelten aber auch als besonders heilkräftig und stärkend. Als sogenannte Bettstreukräuter können sie Sterbende trösten , die Liebesfreuden fördern, aber auch einen Zustand verstärken, der im Traum leichter orakeln lässt! Ein Bad mit diesen Kräutern (natürlich sollten es auch wieder neun an der Zahl sein) wäscht unangenehme Einflüsse ab, reinigt sozusagen die Aura (eine Tasse Ursalz dazu verstärkt die Wirkung erheblich !) Die Zusammenstellung der Kräuter variiert sicher genauso wie die Hölzer , folgend aber die wichtigsten Sonnwendkräuter :

Arnika Armica montana *(giftig & geschützt vom Aussterben bedroht)*
Namen : Wohlverlei, Engelskraut, Wolfsgelb
Sammeln : gar nicht bzw. in der Apotheke
Inhaltsstoffe & Heilwirkung : Ätherisches Öl, Bitterstoffe, Gerbstoffe,

Cholin, u.a.Entzündungshemmend, kreislaufanregend, blutstillend.
Da Arnika auf die Gefäßnerven & Blutgefäße wirkt ist es das Mittel bei allen Verletzungen mit Gewalteinwirkung, d. h. bei Unfällen, Schlaganfällen etc. Die Tinktur gehört für mich in jede Hausapotheke, bei äußeren Verletzungen, aber auch bei Krämpfen, Epilepsie, Herzdurchblutungsstörungen u.a. – innerlich sehr vorsichtig und mit ärztlicher Absprache dosieren, nie mehr als ein paar Tropfen verdünnt !
Magisches : Arnika war bei den Germanen der Muttergöttin Freya geweiht und galt als wichtiges Schutzkraut gegen Blitz, Hexen, Zauberer und üble Nachrede. Geräuchert mit dem Spruch
„ Steck Arnika an, steck Arnika an, dass das Wetter scheiden kann".
Zu Johanni gesammelt hat sie die höchste Heilkraft. Arnika und andere Johannikräuter wurden früher von den Bauern auch in die Kornfelder gesteckt um die „Korndämonen" zu bannen.

Bärlapp Lycopodium davatum *(giftig,Sporen ungiftig & sehr geschützt)*
Namen : Schlangenmoos, große Wolfsklaue, Hexenkraut, Drudenkraut
Sammeln : Gar nicht , freut Euch an den Plätzen, es sind gesegnete Plätze !
Inhaltsstoffe & Heilanwendung : Öl, Sporonin, Alkaloide, Flavonoide, Tritepene – wirkt blutstillend, krampflösend, kühlend, harntreibend, schmerzstillend

Tee vorsichtig dosiert hilft bei Harnverhalten und Menskrämpfen-
Das Sporenpulver war als Wundpuder mit seinen Eigenschaften äußerst beliebt und hilft
auch bei Furunkeln & Herpes. Innerlich hilft es bei gewünschter Gewichtszunahme nach
auszehrenden Krankheiten etc.
Durch Anzünden des Sporenpulvers lässt sich eine Stichflamme erzeugen, was sich die
Theaterleute und Jahrmarktschausteller früher zu Nutze machten.
Magisches : hier im Chiemgau vielfache Verwendung – Bärlapp als Drudenfuß
(Pentagramm) gewunden war ein beliebtes Schutzsymbol an den Türen, half aber auch als
sogenannte „Unruh" übern Bett aufgehängt gegen das nächtliche Drud / Alpdrücken. Bei
sich getragen schützt diese Pflanze vor jedem Schaden, ob die Mädchen sich damit mehr
Tänzer bei einem Fest erhofften, der Bauer sein Vieh gut verkaufen wollte oder ein Prozess
gut ausgehen sollte. An Johanni wurde das Pulver gern ins Feuer gestreut! Für die
keltischen Druiden war es auch schon ein heiliges Kraut. Ob es wohl noch mehr Wirkung
hatte, wenn es mit goldener Sichel auf ein geweihtes Tuch geschnitten wurde?
Anzunehmen!

Beifuss Artemisia vulgaris

Namen : Stabkraut, Gänsekraut, Besenkraut, Dianakraut
Sammeln : Blätter vor der Blüte- Juni
Inhaltsstoffe & Heilwirkung : Ätherisches Öl, Bitterstoffe, Inulin, Vitamin A,B,C,
Gerbstoffe, Thujon
Appetitanregend, verdauungsfördernd, menstruationsfördernd
Dieses an vielen Ecken, Bahndämmen etc. wachsende Kraut ist uns nur noch als
verdauungsfördernde Maßnahme zum Gänsebraten bekannt. Beifuss war aber *das*
Hebammenkraut! Der Göttin Artemis (Göttin der Jagd und Hebammengöttin) geweiht
war es schon rein medizinisch aufgrund seiner keim- und pilzhemmenden Eigenschaften
sehr hilfreich und durfte bei keiner Geburt fehlen. Beifuss blühend löst bei vielen
Allergikern eine Allergie aus- also vorher ernten ! Triebspitzen sind auch ein wunderbares
Wildgemüse, das nach Hildegard von Bingen wie eine Heilsalbe für Magen &
Darm wirkt!
Magisches : Mit Beifuss wurde bei den Kelten das Sonnwendfeuer entzündet, damit die
Göttin selbst präsent sei. Der Beifussgürtel, der beim Sonnwendfeuer getragen wird,
kommt dann ins Feuer und nimmt sozusagen alle bösen Einflüsse mit. Oder ist es ein
symbolisches Gebären – Ent-binden?
Auf langen, beschwerlichen Wanderungen ist es hilfreich, sich Beifuss in die Schuhe zu
streuen – dann ist man wirklich gut Bei – Fuß!
Ausprobieren lohnt sich!
Der Artemis geweiht, legten die Hebammen die Gebärenden auf Beifuss, räucherten mit
Beifuss und gaben der Frau auch noch einen Stängel in die Hand. Es förderte die Geburt –
Nachgeburt – Wundheilung etc. und die Göttin selbst war präsent ! Als Rauchwerk und
im Haus aufbewahrt ist Beifuss immer ein wirksamer Schutz gegen alle Mächte der
Finsternis!

Berufskraut (Kanadisches) Erigeron anuus Pers

Namen: Dürrwurz, Greisenblume, Hexenkraut
Sammeln: Obere Pflanzenteile Juni bis September
Inhaltsstoffe & Heilwirkung: Gerbstoffe, Ätherische Öle, Flavonoide, Cholin

Berufskraut wirkt entzündungshemmend, blutstillend, wegen der starken zusammenziehenden Wirkung ist der Tee bei starkem Durchfall und gegen Darmparasiten geeignet. So ist die Pflanze auch schon bei den kanadischen Indianern als eine ihrer wichtigsten Heilpflanzen verwendet worden. Eine Unterart des Berufskrautes wird als „griechischer Bergtee" verkauft, der ja auch als sehr heilsam gilt. Obwohl dieses Kraut erst im 16. Jahrhundert zu uns kam, bekam es bald den Ruf eines Berufskrautes.

Magisches: Berufs / Beschreikräuter beziehen sich darauf, dass man sich mit ihrer Hilfe vor dem „Berufen", „Beschreien" durch schwarzmagisch arbeitende Menschen schützen kann. Alle Sonnwendkräuter sind Berufskräuter und sind natürlich auch wieder als Schutz im Haus wichtig. So war auch der Dachsparren wichtig, dort ist eine Anbringung der Kräuter als Gewitterschutz am geeignetsten.

Dost Origanum vulgare

Namen: Wilder Majoran, Badkraut, Berghopfen, Lungenkraut, Frauendost, Wohlgemut
Sammeln: Vor und während der Blütezeit bis September
Inhaltsstoffe & Heilanwendung: Ätherisches Öl, Thymol, Karvakol, Gerbstoff, Harz, Bitterstoffe

Dost ist stoffwechselanregend, blähungstreibend, krampflösend, entwässernd, antiseptisch, schleimlösend, appetitanregend.

Dost lässt sich wie der Gartenmajoran in der Küche verwenden, hat aber aufgrund seines höheren Anteils an ätherischen Ölen einen herberen, kräftigeren Geschmack. In Form von Tee ist Dost wirksam bei allen" Bauchproblemen" von Blähungen, Durchfall, Harnverhaltung bis zu Menskrämpfen. Aber auch bei Verstauchungen, Prellungen, Bindehautentzündungen, Schlaflosigkeit & Nervenschwäche – ein echtes Allroundgenie also! Die Heilungseigenschaften beruhen auf der antiseptischen Wirkung des Thymols und auf den schmerzstillenden und gleichzeitig stimulierenden Einfluss auf das Nervensystem!

Bei hartnäckigen Husten hilft ein Bad mit Dostabsud wahre Wunder!

Dost des morgens gegessen fördert den Milchfluss bei stillenden Müttern, tut ihnen und den Babies gut und bringt ein frohes Gemüt!

Magisches: Dost ist hilfreich bei allen Reinigungsriten, verscheucht alle „Fremdenergien" zuverlässig. Dies funktioniert beim Räuchern, beim Badezusatz genauso wie beim Aufhängen von Dost. Neugeborenen kann eine Mutter Dost in die Wiege legen, laut Legende hat dies auch Maria für das Jesuskind getan! Lohnenswert, es auszuprobieren!

Eisenkraut Verbena offinalis

Namen : Teufelswurz, Junoträne, Wunschkraut, Stahlkraut, Taubenkraut

Sammeln : Ganzes Kraut im Sommer, Wurzel an Johanni (24.6.), Himmelfahrt(15.8.)

Inhaltsstoffe & Heilwirkung : Glykosid, Verenalin, Invertin, Emulsin, Bitterstoff, Gerbstoff, Kieselsäure

Eisenkraut wirkt steinlösend, kräftigend, blutverbessernd, fiebersenkend, wundheilend, leberheilend. Ein Tee aus diesem Kraut mit durchwegs tropischen Verwandten ist sehr bitter aber sehr wirksam um eben Steine loszuwerden und ist auch sonst so reinigend, dass es auch sehr gut bei Migräne, Gicht, Husten etc hilft. Ob der Name daher kommt, dass es zur Eisenverhüttung verwendet worden ist, um das Eisen härter zu machen(da hätte man aber jede andere Pflanze auch hernehmen können – Wirkstoff ist hierbei der Kohlenstoff !) oder liegts an all den magischen Anwendungen?

Magisches : Eisenkraut soll die Liebe hart wie Eisen machen und steigert die Liebeskraft. Es hilft aber auch leichter zu lernen und übertragene geistige Fähigkeiten zu erlangen. Bei sich getragen wird man nicht müde, nicht irre und es schützt vor allem Unheil. In den Schuhen wirkt es wie Beifuss gegen ermüdende Füße. Gleichzeitig war es ein Inhaltsstoff der Flugsalbe. Wie wichtig es für die Griechen und Römer war, wird deutlich, wenn man weiß, dass sie ihre Verträge & Bündnisse mit Eisenkraut berührten & besiegelten und Altäre von Gottheiten damit geschmückt wurden.

Johanniskraut Hypericum perforatum

Namen: Hartheu, Johannisblut, Blutkraut, Hexenkraut, Löcherkraut, Jägerteufel, Teufelsflucht, Elfenblut

Sammeln : Oberes Drittel des blühenden Krautes Juni – August

Inhaltsstoffe & Heilwirkung : Hypercin, Phytosterin, ätherisches Öl, Gerbstoffe, Rutin, Quercitin, , roter Farbstoff (macht Hautzellen auch bei Weidetieren empfindlicher), u. a. Es ist DAS Sonnwendkraut und wirkt entzündungshemmend, nervenstärkend, blutverbessernd, beruhigend, schmerzlindernd.

Hildegard von Bingen nennt das Johannikraut "das Arnika der Nerven", es ist wirklich das wirksamste Kraut bei allen melancholischen, depressiven Zuständen. Als Tee und Tinktur hat es aber noch einen sehr viel breiteren Wirkungsgrad : Bei Überanstrengung, Unruheständen, Schwindel, Schlaganfall, Magen, Darm und Unterleibskrämpfen, Blähungen, Bettnässen, Leberleiden und Gelbsucht. Als Öl auch innerlich als Antidepressiva (2-3 Eßl lauwarm), zur Linderung von Brandwundschmerzen, äußerst wirksam bei Gastritis, Magengeschwüren– äußerlich bei Verspannungen - Hexenschuß im Rücken, Johanniskraut hat die Fähigkeit von Außen in die Nerven einzuwirken.

Magisches : Bei allen Sonnwendritualen und Anwendungen ist Johanniskraut sozusagen ein Muss, es vertreibt alle inneren & äußeren dunklen Wolken auf allen Ebenen wie schon am Anfang beschrieben und hat die Wandlungskraft der Sonne, alles in Licht zu wandeln!

Margerite Leucanthenum vulgare

Namen : Wucherblume, Orakelblume, Johannisblume
Sammeln : Blüten Mai bis Juli
Inhaltsstoffe & Heilwirkung : Ätherische Öle , Harze, Tannine, Farbstoff
Margarite wirkt zusammenziehend, hustenstillend, krampflösend, selten findet sie bei
den gebräuchlichen Volksheilmittel Anwendung, obwohl die Margarite ein wunderbarer
Krampflöser bei Darmbeschwerden und Menstruationsbeschwerden
ist(wenn auch mit keiner großen Heilwirkung). Die jungen Triebe ergeben ein excellentes
Gemüse sowohl roh als auch gebraten in Olivenöl und sind angenehm aromatisch.
Bachblütenessenz macht fröhlich, weckt kindliche Anteile, Herzlichkeit und
Großzügigkeit, Anteilnahme und Kreativität
Magisches : Die Margarite ist die klassische Liebesorakelblume „er liebt mich, er liebt
mich nicht" und noch viele andere Orakel über Berufsstand, Lebensjahre etc.
Margaritenkränze zu Johannis haben besondere Heilkräfte, als Schutz fürs Haus.

Ringelblume Calendula officinalis

Namen : Butterblume, Fallblume, Totenblume, Monatsblume, Warzenblume
Sammeln : Blüten Juni bis Oktober
Inhaltsstoffe & Heilwirkung : Bitterstoffe, Saponine, Glykoside, calendulin, äth. Öl u. a
Ringelblumenblüten wirken wundheilend, antiseptisch, entzündungshemmend,
erweichend, blutreinigend, krampfheilend, mensregelnd, wurmtreibend, schweißtreibend
Die Wirkungen zeigen schon die diversen Anwendungsmöglichkeiten, am berühmtesten
ist sicher die Ringelblumensalbe, die als „das" Wundheilmittel an sich gilt.
Magisches : Ringelblume, die Sonnenbraut, war auch eine Liebesorakelblume wie die
Margerite. Sie war der alten Göttin Freya geweiht und eben deshalb später der Jungfrau
Maria – in den Fußspuren des Angebeteten ihre Samen gesät machten seine Liebe sicher.

Manche der Frühlingskräuter wie die Gundelrebe oder den Maikräutern können natürlich
durchaus zu den Sonnwendkräutern gehören !

Sonnwendkranzerl 2006

Die mit dem Drachen tanzt
Hl. Margarete (20.Juni)

Ja zum Gebunden werden von ihr
Ja zur Ekstase die mich erneuert
und belebt
und mich heilend ins Netz
des Lebens webt
Ja zu dieser lebendigmachenden Lust,
*   zu diesem schwelgenden Genuss,*
*   der meine Augen strahlen lässt*
Ja zum Fließen aller meiner Teile
*   meiner Ganzheit*
Ja zur Unendlichkeit des Sternenhimmels
Ja zur Unermesslichkeit des Mysteriums
Ja zu meinen tiefen Gefühlen
Ja zu meinen unbegrenzten Möglichkeiten
Ja zu meinem Grenzen & Drachen reiten
Ja zu meinem Feuertanz

Gebunden in IHR von IHR
Ja zu entbindenden Bündnissen
Mit IHR

Heilige Margaret
bitt für uns

Die *Heilige Margarete* ist die Eine von drei bayrischen Madln, die eben mit dem Drachen am Halsbandl dargestellt wird. Mag der Drachen in der christlichen Variante nur das „Teuflische" bedeuten, so wissen wir bereits, dass die Kirche damit bewusst alles heiligweibliche, nämlich unsere Fruchtbarkeit, aber eben überhaupt all die rote Kraft & Macht unseres Blutes in etwas böses verwandeln wollte & will.

Sind wir teuflisch weil wir gebären können ?
Sind wir teuflisch weil wir fruchtbar sind und unsere Körper einmal im Monat das Wunder von Tod & Wiedergeburt erleben ?
Sind wir teuflisch weil einmal im Monat Drachenkräfte in uns aufsteigen und wir ein bischen Feuer & Schwefel spucken ?

Margarete muß den Drachen nicht töten oder mit einer Lanze in „Schach" halten, sie führt ihn mit, wie einen Hausdrachen! Klar , schließlich kennt sie ihre Fruchtbarkeit, ihre rote Kräfte! Offensichtlich gelingt es ihr damit zu tanzen!
An dieser Stelle wird, denk ich, auch noch mal klar, was es mit den „ Drachentötern" auf sich hat: Es ist wieder das Töten des vermeintlich teuflischen „Weiblichen". Es ist aber auch der Sexualakt an sich, die Lanze als Symbol der männlichen göttlichen Kraft der sich mit der Kraft von Mutter Erde (Drachenkraft- nicht nur bei den Chinesen) vereinigt.
Margarete, die den roten Aspekt der alten Muttergöttin übernimmt, ist auch zum Synonym der Muttergöttin der Alpen geworden . Der Drachen ist ihre Kraft und die von Mutter Erde zugleich. Aus Madrona / Madrisa / Magriata wurde Margarete. Die Natur ist schwanger um diese Zeit, und so wird sie auch von den Schwangeren um Hilfe zu einer guten Geburt gebeten. Bevor Frau aber erst mal schwanger wird, muss manchmal erst einiges passieren. Die Fruchtbarkeit & rote Kraft will erst gelockt werden. Unzählige „Fruchtbarkeitsrutschen & Steine " im Alpenraum zeugen von diesem Jahrtausende alten Brauch. Das laut Hans Haid älteste Lied der Alpen aus dem Rätoromanischen handelt genau von diesem Brauch. Es handelt aber auch davon, was passiert, wenn die Männer immer alles (besser)wissen wollen – dieses Lied ist obwohl das älteste wohl aktueller den je !!!
Ich war so fasziniert von diesem Lied, dass ich mir erlaubt habe es ins Bayrische zu "übersetzen" (H.Haid hatte es ins Südtirolerische übersetzt !) Es in Prosaform mit Harfenbegleitung vorzutragen war für mich eine große Freude!

Dieses Lied heißt „ Sontga Magriata „ also Hl. Margarete auf
rätoromanisch !!!

Sontga Magriata – das rätoromanische St. Margaretha - Lied

Ja, ja sieben Sommer sans jetzt her, ja,ja scho so lang,
da hat der Sennabua gsengn wia a scheens Weib , ja a ganzs scheens
übern Felsn grutscht is.
„Des muß der Senna wissen, was mir für a scheens Weib da herobn haben"
„Na Bua des deafa ned wissen – I geb da des is gwiß wahr :
(nun verspricht sie ihm einiges damit er nichts dem Senna sagt)

drei Hemdn weißer und weißer
drei Schafe, dreimal im Jahr zum Schern, jedsmal 24 Knoi Woi
drei saubere Kia, dreimal am Tag zum Meäicha, jedsmoi volle Kiweln,
a scheens Feld, dreimal im Jahr zum mähen, jedsmoi an Heustodl voi
a scheene Mui,die am Tag Roggen in der Nacht Weizn mahlt,
drei Jahr und drei Monat lang

er sagt nur immer :"des wui i ned, des mog i ned, des muaß a scho wissen, was mir für
a scheene Jungfrau da herom haben auf dera Alm!"
dann sie : „und wenn er's wissen muaß, unbedingt wissen muaß, dann sollst du
versinken
in den Boden!" und er versinkt und plärrt: „Oh du guade, scheene Frau, huif ma
wieder aufa !" Sie hilft.
Dann er wieder: „Des muaßa aber jetzt schon wissen…"
Jetzt lässt sie ihn klafterdiaf in den Erdboden versinken und dann verschwindet sie.
Vorher verabschiedet sie sich dass es grad so dröhnt in den Felswänden:
„Lebts wohl mei Bua, mei Senna, leb wohl mei Almkessl, leb wohl mei Butterfaßl, leb
wohl mei Ofn, wo i alle Nacht gschlafn hob, warum Bua host des do ? Lebts wohl
meine Kia, meine Koima, de ganze Milch soi dadirrn !
Woaß neamds wann i wieda komm!"
Dann ist sie hinaus beim Tal, hintendrein die Kia und da Kessel, die Holzkübeln und
da Seia – sie woanan und woanan
Sie geht hinaus und singt : „ Du mei Brunna, Du mei Wasser, wenn i weg bin sollst
vertrocknen" und vertrocknet is ois.
„Meine Graserln und Kreitln, wenn i weggeh sollt ihr nimmer wachsen auf ewige
Zeitn"
und so is gschegn
ois is vereckt, das Leben auf dera Alm
und draußd hods donnert, blitzt und gehagelt und ois is verschwundn
unter Lawinen und Muren
Ois is vergrabn
Ja , ja des is wahr, ja, ja des is wahr

(ca 1200 Jahre alt gilt ,dieses Lied als eines der ältesten Lieder der Alpen, erforscht
vonChristian Caminada „ Die verzauberten Täler" – Hans Haid „ Mythos & Kult
in den Alpen" - „Halbbayerische" Kurzversion von mir)

Madron & Petersbergl & Herrinnen vom Inntal

Eine Sagen – Wurzelsuche :

Vor urdenklichen Zeiten, so erzählen sich die Alten stand über der Rachelwand am Madron (Petersbergl) eine Burg, in der drei Jungfrauen wohnten. Sie waren die Herrscherinnen der gesamten Umgebung (Rachel kommt von mittelhochdeutsch ragnon – herrschen, regieren) und so hüteten sie ja wohl auch den Madron den Heiligen Berg der alten Muttergöttin (Madrona, Madrisa, Madronen, Margriata...) Eine der Frauen, so sagen sie sei weiß wie Schnee , weiß gewandet und wunderschön. Einst trafen einige Kinder aus Flintsbach sie beim Beeren sammeln bei der Ruine Falkenstein und hörten lang ihren lieblichen Gesängen zu. Sie versprach ihnen anderntags wieder zu kommen und sie sollten nicht erschrecken über ihr anderes Aussehen, dann würden sie reich belohnt werden. Als die Kinder anderentags kamen, erschrocken sie dennoch sehr: Anstatt der lieblichen Frau schlängelte eine grässliche Natter auf sie zu, auf dem Kopf ein silbernes Krönchen und im Maul ein goldenes Schlüsselchen. Die Kinder liefen vor ihr weg, nach Hause und erzählten dort ihrem Vater von den aufregenden Geschehnissen. Der schalt sie sehr, da wie er sagte der Schlüssel, der Schlüssel zur Schatzkammer der Rachelburg gewesen wäre. Da wären sie reich gewesen ihrer Lebtag. Aber sooft sie wieder und wieder die schöne Frau oder die Natter suchten, sie zeigte sich ihnen nimmermehr. Aus der Burg Falkenstein erzählen sich die Alten auch, wäre früher zur Wintersonnwende ein Reiter auf einem schwarzen Roß mit einem weißen Bläß geritten gekommen, rätselhaft wie er gekommen stob er dann mit wehendem Mantel Richtung Tirol.

 Eine weitere der Jungfrauen so sagen sie, wohnt an der Rachelwand, sie ist schwarz gewandet und erscheint in den mondhellen Nächten auf den Mauerresten der alten Burg, die auf einem unterirdischen See stehen. Sie trägt auf dem Kopf eine schwarze Haube als Zeichen ihres hohen Standes und wird von einem schwarzen Hund mit feurig schwarzen Augen begleitet. Der Hund ist auch manchmal allein unterwegs und hat des öfteren einen Schlüssel im Maul, der zu besagter Schatzkammer führt. Manch andere Geschichte handelt von nächtlichem Spuk mit kopflosen Geisterrittern an der Rachelburg und einer mittellosen Drillingsmama,(drei!) die weil von ihr verhöhnt, die grausame Burgherrin verwünscht. Jene gebiert dann an einem Tag zwölf Kinder, die sie mit Hilfe der Magd im Graben loswerden möchte, der Graf kommt zufällig- Hunde riechens, Kinder gerettet, Gräfin hinabgestürzt, zwölf Söhne große Helden !...
Der Graben heißt bis heute Hundsgraben.
Und die Dritte ? Weiß / Schwarz - Rot ! Die rote Macht der Drei Jungfrauen war den Christenherrn bekanntlich am unangenehmsten und deshalb auch am heftigsten zu besetzen und zu bekämpfen. Und so sind die Geschichten der roten Jungfrau nicht ganz so leicht zu erkennen, aber sehr deutlich :
Die ersten christianisierenden Mönche veranlassten einen Kirchenbau auf dem großen Madron, der wahrscheinlich ein Gerichtsplatz war.
Unfall nach Unfall passierte und die Bergfalken trugen die blutigen(!) Späne zum kleinen Madron – ein Zeichen Gottes, hier nun die Kirche zu errichten. Dann wilde Wetten und Kämpfe vom Petrus und dem Teufel um die Herrschaft des Madrons, der Teufel bleibt letztendlich in einer Spalte stecken, die bis heute das Teufelsloch genannt wird.

Dann wurde das Kirchlein doch dem Petrus 640 n. Chr. geweiht und bald gesellte sich auch ein Kloster hinzu, in dem die Mönche ein lustiges (rotes!)Leben führten, wie die neuesten Ausgrabungen zeigen (Spielsteine, Schellen etc.). Und auch in der Probstei nebenan, die den Probst seine Haushälterin und ein Gasthaus für die Wanderer und Wallfahrer beherbergte, ging es beizeiten sehr fröhlich zu. Bei einem Kartenspiel ist dann einmal Einer aufgrund seines ständigen Verlierens sehr zornig geworden. So zornig, dass er seine Karten zum Fenster naus in die Kirch nei geschleudert hat (er hat wohl rot gesehen!). Ein Mitspieler der die Karten retten wollte, fand sie entsetzt bei der Mutter Gottes, die von den selbigen so getroffen wurde, dass sie an der Stirn blutete. Da aber eine an der Stirn blutende Muttergottes zu viel Neugierige hätte auf den Petersberg gelockt, zog es der Probst vor, sie zu verbergen. Und so ist der Madron mit seinem Peterskircherl bis heute ein wichtiger Wallfahrtsort, dank dem wunderbarem Blick, der Kirche , aber vor allem wegen der verbindenden Matronen & Bethen. Diese haben eben auch mit dem Wort „Maderon", was soviel wie „Berg der Gemeinschaft" heißt zu tun (für die, denen diese Wortwurzelwahl besser gefallen sollte!) .

Neu zusammengewoben und gewirkt aus
„Inntaler Sagen" zum Madron von Max Einmayr/ MaxArbinger   2003

Madron genannt
Petersbergl / Inntal

Madron

Weiße Frau reitet voran Tor um Tor
zur blutigen Späne,
die anschürt das Petersfeuer
Bethenkraft – Madronenkraft –
Blutmacht – rot so rot

Rotes Netz speist
Petriheimgebildeskirchen
von Freising nach Rom

SIE lacht laut
über Petrus und den Teufel,
das Blut gluckert in IHR
bis die schwarze Reiterin
sie in den Erdspalt führt
zu ihren Schätzen
Wendenacht & Wendezeit
die Tore sind offen,
die weiße Reiterin
kehrt mit dem
roten Drachen zurück !
M.G. 2003

Gebärplätze & die Schossrinn

Gibt es Gebärplätze? Sind unsere VorfahrInnen, die Keltinnen an bestimmte Plätze gegangen um ihre Kinder zu bekommen? Wir wissen es nicht wirklich. Während sich der Brauch des" Fruchtbarkeitsrutschen zu berutschen" zumindest in Südtirol gehalten hat, ist mir über Gebärplätze nichts wirklich bekannt. Felsen gibt es zwar genug, die die Assoziation „ Gebärstuhl" erwecken, aber vielleicht wurden sie auch zu anderen „Zwecken" verwendet. Wunderbare „Gebärstühle" gibt es im Chiemgau einige : An der Ölbergkapelle / Sachrang, am Schwarzen See / Samerberg, bei den Laubensteinhöhlgebiet der Hohen Riesin(Hochries) und anderswo. Wer weiß ? Diese drei Plätze sind jedenfalls alles Plätze, die viel Bewegung & Wandlung in unserem weiblichen Körper verstärken können, wenn Frau sich darauf einlässt.(An meine Kritiker : Es ist mir ziemlich egal, ob sich das beweisen lässt, oder nicht !)
Einen Platz gibt es aber im Priental, der ganz sicher etwas mit Gebären zu tun hat. Der wunderbare Wasserfall „Die Schossrinn" im Priental! Schon der Name spricht Bände! Ein Wasserfall ist sicher auch erst mal ein „Orakelplatz". Im Rauschen des Wassers sind sozusagen alle Frequenzen vorhanden und die Möglichkeiten des „Hinhörens" & „Losens" sind wesentlich größer als sonst wo!
Ein Wasserfall ist auch ein Platz des Loslassens in eben diesem Rauschen.
Es ist aber auch ein Platz zum Aufladen, da die Luft durch die vielen feinen Wassertropfen ionisiert ist und dadurch belebt & erfrischt!
Was das mit dem Gebären zu tun hat? Eine Gruppe von Hebammen, die ich vor drei Jahren zum Wasserfall führen durfte, sprachen es direkt: *„Das ist die Kraft, die wir den Frauen mitbringen sollten! Alles loslassen in den Kessel des Todes & der Geburt !"*
Dies ist der Kessel der Percht, wie hier ja auch der Chiemsee zu nennen ist, aus dem sie die Kinder holt, aber auch Personen" reinschmeißt"!
Nun wie auch immer, es ist ein sehr kraftvoller Platz, der sich lohnt vor „schwierigen Geburten" aller Art zu besuchen!
Die anderen Wasserfälle im Priental haben nicht minder wunderbare Qualitäten, sie wollen aber hier in diesem Buch nicht weiter be-sprochen werden!

Schossrinn

Geschosse des Lebens
Geschosse des Todes
Gebäre in Ihrem Schoß
der Wandlung
die berauschende, kraftvolle Leere
Artemis Bogen ist gespannt
Begleiterin in das Nichts
um des Nichts willen
Alles wird möglich

M. G.2002

Rote Kraft & Herzensöffnung

Alle roten Kräfte/Plätze, von denen ich auf den letzten Seiten sprach, haben mit Blut zu tun, Blut, der Lebenssaft in uns, der fließen sollte, damit wir leben. Ist unser Blut erhitzt von einem Feuer, einem Tanz, einem Platz, einem Ritual oder einer Begegnung…-spüren wir das - jeder Einzelne unterschiedlich. Lassen wir unser heißes Blut bis zu unserem Herzen fließen, passiert Herzöffnung und wir könnten die ganze Welt lieben und Herzensfeuer der Welt schenken. Ein wunderbarer Kreislauf käme in Gang, fernab von jeder nach Bedürftigkeit und" brauchender" Liebe !

Die für mich am sicht & spürbarsten Hindernisse dabei, die ich bei mir und vielen Frauen erlebe :

Wir lassen die Rote Kraft von unten, das Erdenfeuer gar nicht zu oder nicht weiter nach oben in die nächsten Chakren, da wir bereits im 1. Chakra stecken bleiben und statt Verantwortung für unser Maß, uns irgendwie schuldig fühlen, dann im nächsten Chakra andere beschuldigen …usw. !

Wir meinen, unsere „Erleuchtung" – unser Feuer käme auch von oben, wie bei den Männern oder unserer männlichen Seite. Normalerweise „ breitet" sich aber ein Orgasmus nicht vom Kopf her nach unten aus, sondern umgekehrt !

Wir haben Sex mit Personen, die ihre Kraft nicht vom Herzen ausgeben, sondern lediglich von „ unterhalb der Gürtellinie" ! Wie soll das denn bitte im Herzen ankommen?

Plätze, Rituale, Kräuter können uns helfen, unser „Erdenfeuer" zu wecken, alte Gedankenmuster loszulassen und Verantwortung für UNSER Maß zu übernehmen !
Dann wird es uns möglich, in dieser roten Zeit unsere Fülle, unsere Kraft, unsere Lust, unser Lachen in vollen Zügen zu feiern, zu genießen und sich daran zu freuen und dies auch mit Herzenswärme auszustrahlen !
Einen Platz, den ich euch hierzu „wärmstens" empfehlen kann :
Den sagenumwobenen *Engelstein bei Bergen* / Chiemgau – ein wirklicher „Jungfrauenplatz" (keine Garantie für Nix !) Da dies auch ein Platz ist, der nicht nach "Kraftplatzführermanier" beschrieben werden will, folgen hier nur meine üblichen dichten Gedanken :

Englstein

Gebannter Wald kreist mich ein
Duftende Kräuter & ein lachender Tannenhäher & geheimnisvolle Zeichen
Der Höllenhund weist zum Kessel der drei Ewigen,
die Seile sind gespannt – Wurzeln lassen uns empor tanzen !
Die „Hatzige" lockt in luftige Höhen
Flügellockerung – Flügel locken zum Höhenflug übern Chiemsee
eine spiralige Runde
Sternfrauenengel locken weiter zu Erdenfeuertänzen zwischen den Felsen
Er –innerung an Alte – Neuzeiten der zärtlichen Jungfräulichkeit
der Erleuchtung von unten – im Hier
und Jetzt !
M.G. 2003

Neunwurzherzkraft

Lostage in der Frühlings / Sommerzeit

Wie bereits besprochen a m : *23. 4. Georgi, am 30.4. Walpurgis, Christi Himmelfahrt, Pfingsten, 11-15. 5 Die Eisheiligen, Fronleichnam, 21.6. Sommersonnwende, 24.6. Johanni*

27. 6. Siebenschläfertag *„ Wie das Wetter am Siebenschläfertag, so es sieben Wochen werden mag"*

29. 6. Hl. Petrus, der ja die Herrschaft über so viele Bethenplätze übernommen hat -Ähnliche Wetterprognosen wie am Siebenschläfertag

2. 7. Maria Heimsuchung (Begegnung der schwangeren Frauen Maria & Elisabeth) *„ Geht Maria übers Gebirg bei Sonnenschein, wird der Juli trocken sein"*

4. 7. Hl. Elisabeth von Portugal & Hl. Ulrich (Ende der sogenannten Mitsommerzeit) *„ Regnets am Ulrichstag, fallen die Nüsse vom Baum & die Birnen werden madig"*

10. 7. Siebenbrüdertag *„Das Wetter vom Siebenbrüdertag, sich bis August nicht ändern mag"*

20. 7. Hl. Margarete *„Die erste Birn bricht Margaret, worauf überall die Ernt angeht" „Regen am Margaretentag sagt dem Hunger guten Tag"* – sie wird bei uns in Bayern gern die *„ Heubrunzerin"* genannt

22. 7. Maria Magdalena – eine Kompilation von drei(!) Heiligen zu einer neuen fiktiven Figur : Maria von Magdala, Maria von Betanien und die namenlose Büßerin die mit ihren Tränen Jesus Füße benetzt mit ihren Haaren trocknete – Magdalena nach den apokrypischen Bibeltexten die Ehefrau von Jesus !

23. 7. Hl. Apollinaris – Beginn Hundstage (Ernte / Hitze/ Geburt)- Sirius als Hundsstern ab dieser Tage sichtbar *„Klar muß Apollinaris sein, dann bringt man gut Ernte ein"*

25. 7. Jakobi (Jakobswallfahrten ursprünglich Annawallfahrten ?)

26. 7. ANNA – Mutter von Maria, Mutter drei Mariens von drei Männern(!) in den apokrypischen Schriften, Große Muttergöttin in eine bretonische Legende gewebt, und vor allem : Annatag als der älteste Frauenwallfahrtstag der Alpen, in der um eine gute Ernte / Geburt gebeten wurde ? Die allermeisten alten Muttergöttinheiligtümer waren in ANNA heiligtümer gewandelt -die meisten sind in den letzten 150 Jahren endgültig in Marienplätze gewandelt worden, wie auch all ihre Altäre, die als sogenannte Frauenaltäre ihren festen Platz in den Chiemgauer Kirchen hatten !!! Schade! *„ Sieben Jahr sind jetzt um und die ANNA dreht sich um"*- ein alter Chiemgauer Kinderspruch, den ich sehr spannend finde! In Sauerlach bei München haben die Kinder am Annatag schulfrei wegen ihrer wichtigsten Wallfahrt im Jahr zur Annakapelle im Wald!

Margarete, Magdalena, ANNA – sie gehen über in das alte keltische Erntefest, Lammas genannt am 1. / 2. 8. - auch da hat Petrus „helfen" müssen – es wurde eine Petrikettenfeier daraus. Statt der Göttin / Mutter Erde zu danken, müssen wir nun der Gefangenschaft von Petrus gedenken !

Es ist der Beginn der Erntezeit und hier im Chiemgau wurde die erste Korngarbe mit dem Spruch gebunden und stehengelassen : „ *Wir gebens der Alten, die solls behalten, machs sie im nächsten Jahr, so wie es heuer war !"* Ein alter magischer Opferspruch um das Gleichgewicht zu rufen ? Das BITTE & DANKE gelebt oder sogenannter Aberglaube ?

5. 8. Maria Schnee - An dem Tag hat es an dem Platz der wichtigsten Marienkirche Roms laut Legende mitten im August geschneit – Santa Maria Maggiore – fast daneben die Kirchen von S. Prassede & S. Pudentia, in deren Wohnhaus Petrus laut Legende als erstes gewohnt hat – Petrus & „jungfrauentechnisch" natürlich äußerst interessant – auch die Kirchen … ! siehe die PilgerInnenreiseberichte 2004 / 2005 auf Anfrage „Regen an Maria Schnee tut dem Korne tüchtig weh"

10. 8. Hl. Laurentius - Ab heute sind bis zum 15. August am sternklaren Himmel die sogenannten „Laurentiustränen" zu sehen, Sternschnuppen – zahlreich gesprochene und leise Wünsche werden in den nächtlichen Augusthimmel geschickt !

15. 8. Maria Himmelfahrt - Beginn Frauendreissger – Kräuerweih- Büschltag „Maria Himmelfahrt klar Sonneschein, bringt gern viel guten Wein" „Wie das Wetter am Maria Himmelfahrtstag, so der ganze Herbst sein mag" . Mehr zum Frauendreissger siehe folgende Seiten !

23. 8. Hl. Bartolomä „ gehst im Sommer in d` Kirch und gehst im Herbst wieder naus" „ Bleibt Bartolomä im Regn stehn, ist ein guter Herbst vorherzusehen."
Hl. Regina *„Ist Regina warm und wonnig, bleibt das Wetter lange sonnig"*

8.9. Maria Geburt *„ Maria Geburt fliagn `d Schweibai furt, bleibn sie noch da ist der Winter nicht nah", „Maria geborn, säh Weizn und Korn"*

12. 9. Maria Namen heute Ende Frauendreissger oder am 15. 9. (?)

13. 9. Hl. Notburga - die lokale Ernteheilige & Göttin *siehe Hl. Notburga*

14. 9. Kreuzerhöhungstag –mit diesem Tag sagte man bei uns *„zudraht is"*- die Gefahr der sommerlichen Gewitter war vorbei – das so genannte Wetterbeten hatte ein Ende wo es Anfang Mai begonnen hatte. *„ Ists hell am Kreuzerhöhungstag, so folgt ein strenger Winter nach"*

15. 9. Sieben Schmerzen Mariens – jetzt wird's wirklich unangenehm – den sieben Freuden sind sieben Schmerzen entgegengesetzt worden- seit 1814 begangen.

17.9. Hl. Hildegard von Bingen

21.9 Herbst Tages & Nachtgleiche – Herbstbeginn - ab da sechs Tage die sowohl Lostage als auch „Schwendtage" sind(Tage, um nichts Neues zu beginnen)

Maria Schnee Wunder

Zeitenlose Freude-
unwichtige Zeit
Zeitgeschenke
das Unwahrscheinliche, Unerwartete
freudig empfangen
bedingungslos
lieben
loslassen
in der Hitze
der Hollaschneegöttin dienen
zu wissen SIE heilt beizeiten
wieder mit ihrem weißen Kleid
ermöglicht Wunder

wundersam werden
bereit sein für Wunder

Im Birkenlaub und Schilf
flüsterts
Feenhare kitzeln
meine Schultern
ich lächle
und lass sie an meinem Eis schlecken
süße Feenaugustbrise
streichelt mich
zart

Wundersame Sommergeschenke

M. G. 2004

Frauendreissger & Maria Himmelfahrt & Hoher Frauentag

Maria Himmelfahrt, auch Hoher Frauentag oder Büschlfrauentag genannt war in alten
Zeiten (vor der „Zeitenwende") der Feiertag von Artemis – Diana. Bei uns war er
sicherlich einer der Feiertage von der Percht / Holle. Er war von jeher mit dem Sammeln
von Kräutern und Pflanzen verbunden und leitete eine dreißigtägige Kultzeit, den
sogenannten „Frauendreissger" ein. Da sich die Frauen auch trotz Verboten nicht davon
abbringen ließen, an diesem Tag, in dieser Zeit Kräuter zu sammeln, zu feiern etc. wurde
aus der wilden durch die Lüfte jagenden Percht/ Holla kurzerhand die Himmelskönigin
Maria.

*Die in den Tagen & Nächten zwischen dem 15. 8. – 14.9. gesammelten Kräuter &
Wurzeln drücken von ihren Eigenschaften / Wirkungsweisen alle etwas von der
Eigenmächtigkeit, Autonomie und den Zyklus der Frau unterstützenden Energie der
Jungfrau aus.*

*Die Eigenschaft der Jungfräulichkeit im ursprünglichen Sinne, besteht trotz sexueller
Erfahrung, Kindergebärens und zunehmenden Alters ! Es ist eine Haltung des „Mit sich
selbst Seins" der Frau, die nur sich selbst gehört. Sie bleibt ihre eigene Herrin, ganz egal,
ob sie und welche Beziehungen sie eingeht !*

In Bayern ist diese Artemis wie gesagt in der Percht verkörpert, die wild und ungestüm
mit ihrer wilden Jagd durch die Lüfte zieht. Sie ist die Wettermacherin, sie wohnt im Wald
und spinnt(!), sie ist die Herrin des Rosengartens. Sie segnet die Felder mit ihrem Wind,
sie holt die Kinder aus dem Chiemsee usw.

All dies lässt sich zumindest noch nachlesen und war fest verwurzelt im Brauchtum der
Bauern vor 100 Jahren. Also ob SIE nun Maria oder Percht heißt, die an diesem Tag mit
ihrem Licht & Segen übers Land geht, ist finde ich, letztendlich egal. *„ Unsre liebe Frau
geht übers Land, trägt in der Hand den Himmelbrand"*

Der Maria ist leider nur das „Wuide" & Hexische genommen worden !!!

Zu Maria Himmelfahrt wird traditionell ein Kräuterbuschn gesammelt und gesegnet, bei
uns heißt dieser Tag wohl deshalb auch Frauenbüschltag, woanders Maria Würzweih. Die
Kräuterbuschn bestehen &
bestanden immer aus neun
(manchmal auch sieben
Kräutern)
und um deren Vielfaches.
In die Mitte gehört immer
die *Königinkerze,* bei uns
auch *Himmelbrand* oder
Wetterkerzn genannt.

Kranzljungfrauen 2005

Die nachfolgenden Kräuter variieren von Landstrich zu Landstrich :
Beifuss, Johannikraut, Schafgarbe, Eisenkraut, Frauenmantel, Dost, Thymian, Tausendgüldenkraut, Hasel, Kamille, Baldrian, Angelika, Betonika, Minze, Arnika, Rosmarin, Salbei, Ringelblume, Waldmeister, Meisterwurz, Beinwell, Bittersüß, Sauerampfer, Kümmel, Mutterkraut, Labkraut, Odermennig, Mariengras, Alant… !

Ist bei Kräutern die Wurzel zu ernten, war der Frauendreissger die beste Zeit :
Beinwell, Angelika, Baldrian, Alant…

Die gesegneten Buschn ließen & lassen sich vielfach verwenden:
- Als Haussegen im Hausgang / Esstisch / Hausaltar (Herrgottswinkel u. a.)
- Am First als Blitzschutz wie der „Hexenbesen"
- Bei drohenden Gewitter ins Herdfeuer gestreut
- Räucherungen bei Krankheiten oder an bestimmten Tagen wie den Rauhnächten
- Dem Vieh vor Almauftrieb ins Futter gemischt

All dieses Brauchtum entspricht der Tatsache, dass die Kräuter & Wurzeln, die im Frauendreissger gesammelt werden, eine besondere Wirkung haben, die man nicht nur heilkundlich betrachten sollte. Religion & Magie als Verbindung ?
Für die Kelten noch selbstverständlich, auch wenn in der Hexenverfolgung viel verloren gegangen, ist durchaus von unseren Vorfahren so gelebt. Auch heute noch werden die Kräuterbuschn in der Kirche gesegnet und dann dementsprechend verwendet.
Stellt sich die Frage : Ist eine andere Weihe, ein anderer Segen weniger wirksam als der eines männlichen Vetreter Gottes ? Wer wurde / wird da wie herum anmaßend ?

Der Frauendreissger ist also die Zeit, in der die Kräuter am heilkräftigsten gelten, alles in der Natur gesammelte am meisten Kräfte hat.

*Wie Artemis durch Wiesen und Wälder streifen und sich verbünden mit diesen Kräften
Bündnisse mit Kräutern, Bäumen, Plätzen finden
Bündnisse, die stärken für die dunkle, kalte Zeit die jetzt kommt !
Sammeln heißt auch immer sich sammeln , gesammelt werden !
Allein im Wald sein
Das Wilde spüren, es zulassen, sich daran freuen
Kräuter sind wild
Wilde Natur ist heilig
(auch ohne Pfarrers Segen!)
Meine Wildheit ist auch heilig
(Wenn Du das nicht glaubst, kannst Du Dir ja Maria ein bischen wilder vorstellen, vielleicht funktioniert es dann !)*

Welche Pflanze „begrüßt" Dich um noch mehr ganz heil –heilig
zu werden ?
(hat dieselbe Frequenz wie unser „desolater" Zustand – kleine Hilfe zum
anfangen : Aufschreiben und mit Zettel in der Hand losgehen – wirkt als Suchverstärker
und ihr werdet genau die Pflanze für Euch finden !)
Pflanzen & Kräuter in Verbindung mit den Plätzen und deren Kräften sehen auf denen sie
wachsen !
Inhaltsstoffe verflüchtigen sich, Schwingung & Information bleibt !

HeilWeise !

Frauendreissgerkräuter

Wie bereits auf S. 64 beschrieben, können zu diesen Kräutern eben alle gehören, die uns
ansprechen. Alle *Mai & Sonnwendkräuter* gehören dazu.
Folgend beschreibe ich jetzt die Kräuter, die noch „fehlen", bzw. die bei uns auch
wachsen und dadurch eine wichtige Bedeutung haben.

Baldrian Valeriana officinalis
Namen: Augenwurz, Dreifuß, Katzenkraut, Marienwurzel, Mondwurzel,
Wendwurzel, Wielandswurz, Elfenkraut
Sammeln : Wurzelstock im Frauendreissger & Herbst – Blüten davor
Inhaltsstoffe & Heilwirkung : Valepotriate, ätherisches Öl, Isovaleriansäure (macht
die Katzen ganz narrisch), Gerbstoffe, Glykoside
Eine Wurzeltinktur wirkt beruhigend, nervenstärkend, herzberuhigend, schlaffördernd,
krampflösend, schmerzstillend, blutdrucksenkend, blähungswidrig und augenstärkend !
Baldrian ist kein Schlafmittel, aber es beruhigt und erfrischt andererseits. Aus diesem
losgelösten Zustand heraus lässt sich aber sodann auch leichter einschlafen! Kalt
angesetzter Baldriantee & Räuchern hilft in einen Zustand des Losgelöstseins zu
kommen!
Ein Baldrianbad ist schlaffördernd, sowie die Baldrianblüten in einem
„Schlafgutkräuterkissen" ihre wohltuende Wirkung über Nacht entfalten.
Baldrianpräparat ist ein wirksamer Frostschutz im biologischen Landbau bei
Obstbäumen und im Garten zieht es die Regenwürmer an!
Magisches : Baldrian ist ein altes Zauberkraut, dessen Wurzel Böses
zum Guten wenden kann (Wendwurz), es ist dem Wasser & Mond
zugeordnet und als Mond & Elfenkraut begrüßt es sozusagen das Licht
der Nacht!

Baldur, der lichtvolle Gott der Germanen gab ihr den Namen, den wie er, hilft die Pflanze segnend jedem, der Hilfe braucht.

In der germanischen Mythologie verwendete die Göttin Hertha, wenn sie auf einem Hirsch durch die Wälder ritt, einen Baldrianstängel als Peitsche.

Als Liebesmittel verwendet: Mit einem Stück Baldrianwurzel im Mund küssen, derjenige würde sich in einen verlieben – oder zusammen in Wein getrunken!

Fische sollen außerdem besser beißen, wenn die Regenwürmer vorher in Baldrian getaucht waren!

Baldrian

Beinwell Symphytum officinale

Namen : Beinwurz, Hasenbrot, Heilwurzel, Himmelsbrot, Honigblum, Wallwurz, Schwarzwurz

Sammeln : Junge Blätter das ganze Jahr, Wurzel im Herbst

Inhaltsstoffe & Heilwirkung : Allatoin, Asparagin, Rosmarinsäure, Kieselsäure, Gerbstoffe, Inulin, Schleim, u.a.

Beinwell wirkt gewebebildend (auch Knochen), wundheilend, auflösend (Wundsekrete / Harnsäure etc) ,blutstillend, stopfend, antirheumatisch

Das Allatoin regt die Bildung von Kallus an , der Stoff, der gebrochene Knochen wieder zusammenfaßt. Beinwell als sofortiger oder auch späterer Umschlag bei Brüchen / Quetschungen etc. wirkt wahre Wunder .Im Sommer frische Blätter verwenden, sonst die Wurzeln eingeweicht oder die Tinktur / Salbe daraus! Auch bei Gicht & Rheuma wirksam ! Es wird manchmal vor Beinwellgenuß gewarnt wegen der Spuren von Pyrrolizidinalalkaloiden – da ist aber die Menge entscheidend und wir essen sicher nicht außschließlich Beinwell ! Junge Beinwellblätter in Pfannkuchenteig ausgebacken sind eine Köstlichkeit, als Suppe äußerst nahrhaft und auch die Wurzel kann man in der Wildkräuterküche roh & gebraten verwenden! Im Garten als eines der besten Mulchmaterial zu verwenden und den „Biberln" ins Futter gemischt fördert ihr Wachstum.

Magisches : Ein Bad mit der Wurzel soll Frauen (wie mit Frauenmantel) wieder jungfräulich machen – fragt sich bloß, welche Jungfräulichkeit damit gemeint sein könnte ?!

Borretsch *Borago officinalis*

Namen : Augenzier, Blaustern, Gurkenkraut, Königskraut, Herzfreund, Liebäuglein, Wohlgemut

Sammeln : Ganzes blühendes Kraut Juni- August

Inhaltsstoffe & Heilanwendung : Schleim, Gerbstoffe, ätherisches Öl, Asparagin, Kieselsäure, Harze, Vitamin C u.a.

Borretsch erweckt den verzagten, traurigen Menschen zur Freude. Er wirkt herzstärkend, reizmildernd, harntreibend, schleimlösend, blutreinigend, kühlend, belebend, nervenstärkend. Dieses stark nach Gurken riechende Kraut kann man jung für Salate, Suppen etc. verwenden, die Blüten sind eine wunderbare essbare Dekoration für vieles. Tee tut bei Nervenerkrankungen gut.

Pflanze & Blüten kauen & dann ausspucken ist gut gegen Zahnweh !

Wegen der Spuren von Pyrrolizidinalkaloide wie bei Beinwell und Huflattich ist auch hier die Menge zu beachten !

Magisches : Borretsch ist das bekannteste magische Herzkraut –schon Plinius sagte: Es mache Menschen zufrieden und glücklich. Essen oder Trinken mit Borretschblüten dekoriert sichert den Abend mit Gästen und ist, sagt man, ein alter Brauch. Borretsch verkörpert Sanftheit, gepaart mit großer innerer Kraft.

Engelwurz *Angelica archangelica*

Namen: Angelika, Brustwurz, Theriakwurz

Sammeln: Samen, Wurzel im Spätsommer, Achtung Verwechslungsgefahr mit Schierling, Riesenkerbel, die aber nicht wie die Engelwurz süß und nach Sellerie riechen, sondern nach Moder & Tod !

Inhaltsstoffe & Heilwirkung: Ätherisches Öl, Gerb- & Bitterstoffe, Stärke, Pektin, Zucker, Furancumarine

Engelwurz wirkt menstruationsfördernd, magenstärkend, harn- & schweißtreibend, blähungswidrig, blutreinigend, auswurffördernd, nervenanregend. Angelika galt zu allen Zeiten als Allheilmittel, ein Stück Wurzel kauen schützt vor Ansteckungen unter vielen Menschen, vor allem in Grippezeiten. Als Hauptbestandteil des bekannten Schwedenbitter hilft er so bekanntermaßen bei Magen & Darmproblemen, Bronchialleiden usw.. Dies gilt freilich auch für eine Engelwurztinktur! Bei Gicht & Nervenschmerzen & Lähmungen hilft es, zweimal pro Woche ein Bad zu nehmen oder mit einer Salbe äußerlich zu arbeiten. Kandierte Engelwurzstängel sind eine äußerst gesunde Köstlichkeit!

Magisches : Ein Engel stieg herab und schenkte eine Pflanze gegen die Pest – so heißt es! Die Engelwurz ist ein Symbol der Madonna, der heiligen Dreifaltigkeit und des heiligen Geistes!!! Die Wurzel bei sich zu tragen schützt vor allem Unangenehmen, allen angezauberten Schadenszaubern. Sie hilft als Amulett umgehängt bei Lampenfieber, fördert die Fruchtbarkeit und wächst überhaupt nur an Plätzen mit „Liebesenergie" !!!

Fenchel Foeniculum vulgare

Namen: Brotanis, Brotwürz, Frauenfenchel, Langer Anis
Sammeln: Samen, Wurzel, Kraut Juli – Sept
Inhaltsstoffe & Heilwirkung: Ätherisches Öl, fettes Öl, Anethol, Protein, Flavonoide, Zucker, Schleim, Vitamine

Fenchel wirkt beruhigend, krampflösend, appetitanregend, verdauungsfördernd, Anwendungen vor allem auch in der Verwendung in der Küche machen ein frohes Gemüt, einen frischen Teint, gutem Atem, lösen Schleim, räumen alle schlechten Stoffe aus dem Körper. Und schmecken auch noch zu vielen Gerichten hervorragend! Fenchel ist wahrscheinlich das erste Heilkraut, mit dem Babies in Berührung kommen, Fencheltee ist der beste Tee für stillende Mütter um Blähungen vorzubeugen und gleichzeitig die Milchbildung zu fördern. Mit den Samen kann man Salate, Gemüse, Brotteig, Fleisch und Fisch bestreuen!

Magisches: Fenchel war bei den Römern sehr beliebt, Gladiatoren mischten ihn in ihr Essen, die Römerinnen ebenfalls um schlank zu sein. Am Johannisabend die Hörner und das Euter der Kühe mit Fenchel bestrichen habe eine besonders heilkräftige Wirkung, sagte man in früheren Zeiten. Wenn eine Schwangere Gelüste auf Fenchel hat, soll sie einen Buben bekommen!

Frauenmantel Alchemilla vulgaris

Namen: Frauentrost, Frauenbiss, Jungfrauenwurz, Sonnentau, Jungfernkraut, Hasenmänteli, Drächlichrut
Sammeln: Blätter & Blüten Frühjahr bis Herbst
Inhaltsstoffe & Heilwirkung: Gerbstoffe, ätherisches Öl, Bitterstoffe, Salicylsäure, Harz, Lecitin, Öl, Phytosterine, Saponine, Tannine

Frauenmantel wirkt menstruationsregelnd, milchfördernd, blutreinigend, entzündungshemmend, wundheilend, magenstärkend, harntreibend. Der Frauenmantel ist mit seinen elf Fächern, die einem Mantel ähneln, eines der wichtigsten Frauenkräuter bei uns. In der Pubertät reguliert er (als Tee), hilft bei Weißfluß, schließt Geburtswunden, tonisiert in den Wechseljahren, wirkt bei relativen Ostrogenüberschuß ausgleichend und ist bei vielen anderen Frauenproblemen äußerst hilfreich. Das frische Kraut hilft bei frischen Wunden als Wundauflage und ist bei Zahnweh zu kauen! Die Flüssigkeit, die der Frauenmantel in der Nacht absondert, glänzt am nächsten Tag wie Tau - ist aber keiner! Es ist Glutation- früher himmlisches Wasser genannt, ein wirkliches Wunderwasser für den Teint – Busen kann straffer werden, vertreibt Sommersprossen…

Magisches: Aus diesem Wasser versuchten im Mittelalter die Alchemisten Gold oder den „Stein der Weisen" herzustellen – daher der Name Alchemilla. Frauenmantel war der germanischen Göttin Freya geweiht, später dann der Jungfrau Maria und ihrem Schutzmantel. Blumenelfen wohnen im Frauenmantel, auch sie waschen sich gern mit dem Wunderwasser. Ein Bad mit Frauenmantel sollte eben auch wieder verlorengegangene Jungfräulichkeit wiederherstellen (fragt sich welche !)

Heilziest Betonica offininalis

Namen : Betonika, Betonienkraut, Beschreikraut

Sammeln : Blühendes Kraut im Hochsommer

Inhaltsstoffe & Heilwirkung : Gerb & Bitterstoffe, Stachydrin, Betonicin, ätherisches Öl

Heilziest wirkt stärkend, stopfend, unregelmäßigen, starken Monatsfluss regulierend, harntreibend, kreislaufanregend, schmerzstillend

„Venda la tonica, prenda la betonica" verkauf deinen Mantel, nimm die Betonika ! In diesem Spruch wird der frühere hohe Stellenwert der Pflanze deutlich. Die Betonika war das Kraut gegen 47 Krankheiten, heute kennen diese Pflanze wenige Menschen, warum, ist mir ein Rätsel. Hat es damit zu tun, dass sie dummen Menschen laut Hildegard von Bingen wieder den Verstand schenken könnte?

Besondere Eigenschaften sind : Bei Neuralgien und auf das zentrale Nervensystem wirkend! Betonikawein nach Hildegard von Bingen ist für mich das Mittel der Wahl bei Myomen . (Ca sieben frische oder getrocknete blühende ganze Betonikapflanzen in ein Liter guten Rotwein zwei Tage ziehen lassen- entfernen -jeden Tag ein Stamperl trinken über ein - drei Zyklen – es lohnt sich !) Heilziest ist in sehr hoher Dosierung stark abführend.

Magisches : Betonika ist eines der wirksamsten Kräuter gegen unangenehme Zauberkräfte, mit einem Betonikakräuterkissen kommt kein Alptraum mehr. Mit Heilziest räuchern ist ähnlich wirksam, aber auch schon das Aufbewahren von der Pflanze in etwaiger Form erzielt eben diese Wirkung!

Eines meiner Lieblingskräuter!

Heilziestwiese am Sagberg

Kamille Matricaria chamomilla

Namen : Apfelkraut, Kummerblume, Mutterkraut, Muskatblume

Sammeln : Blütenköpfe & Kraut von Juni bis August

Inhaltsstoffe & Heilwirkung : Chamazulen, ätherische Öle, Bisabonol, Flavonoide, Oxycumarine, Bitterstoffe, Schleimstoffe

Kamille als eines unserer bekanntesten Heilkräuter wirkt entzündungshemmend, wundheilend, krampflösend, antiseptisch, schmerzlindernd, beruhigend, magenstärkend, menstruationsregulierend. Kamillensamen überdauern im Boden über 100 Jahre! Der botanische Name kommt vom lateinischem Matrix – Gebärmutter!

Kamille befreit den gesamten Bauch von Entzündungen, äußerlich eines des besten Wundheilmittel – eine Pflanze des Wochenbettes usw.

Für Babies ungeeignet außer in homöopathischer Form!

Magisches: Mit Johannikraut in die erste Getreidearbe gesteckt, bleibt das Ungeziefer fern. Die Kamille gilt als Sinnbild der Kraft, gepaart mit Bescheidenheit, junge „germanische" Mädchen sollten sich vor ihr als Bild des Sonnegottes Baldur verneigen. Vielleicht bin ich deswegen auf sie allergisch und ich dachte, es lag an den Intensivbehandlungen mit Kamille in meiner Kindheit … !

Königskerze, großblütige Verbascum densiflorum

Namen: Königinkerze, Himmelbrand, Wetterkerze, Fackelkraut, Neunmannkraft, Frauenkerze, Donnerkerze

Sammeln: Blüten & Blätter Juli / August

Inhaltsstoffe & Heilwirkung: Saponin, Sapogenin, Invertzucker, Rohrzucker, Schleim, ätherisches Öl, Fett, Xanthophyle, Hesperidin, Kalium

Königskerze wirkt erweichend, auswurffördernd, hustenlindernd (vor allem bei „Kitzel"/Reizhusten) , blutreinigend, harntreibend, beruhigend, krampflösend, hautreinigend, schweißtreibend. Viele, viele Anwendungsmöglichkeiten sind leider in Vergessenheit geraten. Die Samen sind narkotisierend und wurden im Krieg dementsprechend verwendet, sind aber auch als Fischköder geeignet(am Tag vorher ins Wasser werfen) Es war für unsere Vorfahren ein Segenszeichen, wenn sie am Haus wuchs (sie lässt sich nicht gerne anpflanzen !). Als Gewitterschutz einerseits kann man an ihr auch die Wetterentwicklung sehen : *So hoch wie sie wird, gibt's auch Schnee- sagt man in Sachrang `s gewiß !* Ist der Stängel schon weit unten mit Blüten besetzt, kommt der Schnee früh – sind sie erst weiter oben, kommt er erst richtig nach Weihnachten ! Blühende Königskerzen vertreiben Wühlmäuse.

Die getrockneten Blätter drehte man früher als Lampendochte, den ganzen Stängel in Wachs / Fett getaucht diente als Fackel. Erst im Herbst nehmen, vorher erntet man nur Blüten / Blätter vorsichtig und sehr achtsam.

Magisches: Als Mittelpunkt des Himmelfahrtbuschns durfte die Königskerze abgebrochen werden, sonst war das während der Blütezeit ein Sakrileg!

Nachts im Mondenschein tanzen die Elfen um die Pflanze, und die Muttergottes – also vormals die Percht trägt die Königinkerze wie ein Zepter – sie ist die Himmelskönigin!

Labkraut, echtes Galium verum

Namen: Bettstroh, Ameisenkraut, Blutstill, Liebfrauenstroh, Liegkraut, Sternkraut
Sammeln: Anfang der Blüte zeit Juli bis August
Inhaltsstoffe & Heilwirkung : Labferment, Kieselsäure, Gerbstoff, ätherisches Öl,
Zitronensäure, Glycosid, Aucubin, Flavonoide

Das echte, gelbe Labkraut wirkt harn -& wassertreibend, krampflösend & wundheilend,
hautreinigend, nervenberuhigend, drüsenanregend, schleimlösend, krebsfeindlich,
steinlösend, blutreinigend

Das Labkraut ist des Johannikrautes Schwester, und wer auf Johanniskraut nicht
anspricht, probiere es mit Labkraut bezüglich der Nerven !

Gequetschtes Labkraut ist ein Blutstiller und fördert die Wundheilung, auch Aknepickel
heilen mit einer Kompresse schneller.

Labkraut hilft aber vor allem, Giftstoffe aus dem Lymphsystem zu schwemmen und ist bei
allen Nierenproblemen eines unserer wirksamsten Kräuter(mit Goldrute & Taubnessel
kann man gut mischen!).

Aus Labkraut wurde früher Käselab hergestellt, heute werden zumeist künstliche
Gerinnungsenzyme oder Kalbslab aus Kalbsmagen verwendet. Nur im Chesterkäse wird
noch Labkraut verwendet, er erhält dadurch seine goldgelbe Farbe und einen besonderen
Geschmack!

Magisches: Labkraut war der Göttin Freya geweiht, und es gehörte zu den wichtigen
Bettstrohkräutern bei Gebärenden. Nach der christlichen Legende bettete Maria das
Jesuskind auf Labkraut, weil es das einzige war, was der Esel nicht fraß. Labkraut in einer
Gaststube auf den Ofen gelegt, soll Streit entstehen lassen.

Labkraut wächst auf besonderen Plätzen, die eine Art Glücksenergie ausstrahle. An
diesen Stellen sagt man, stärkt das Labkraut unsren persönlichen Schutzengel! Labkraut
um den Hals gehängt, schützt auf Reisen und macht, dass der Betreffende wieder gern
zurück kommt.

Lavendel Lavandula officinalis

Namen: Hirnkraut, Nervenkräutlein, Schwindelkraut, Zitterblümchen, Römischer
Thymian
Sammeln : Blüten nach Öffnung von Juli – August
Inhaltsstoffe & Heilwirkung: Lavunol, Geraniol, Nerol, Borneol, Cineol, Kampfer, Harz,
Cumarin u. a:

Lavendel wirkt beruhigend, schlaffördernd, krampflösend, durchblutend, desinfizierend. Es
ist also ein Mittel, das beruhigt, ohne müde zu machen, es klärt den Verstand und befreit
sozusagen von allem „Verstaubtem" im Kopf!

Im Außen ist das wirklich so : Als Schlafkissen fördert es nicht nur einen entspannten
Schlaf, sondern hält auch die Staubmilben fern.

Im Schrank hält es die Motten fern und mit Lavendelöl putzen macht nicht nur
Spaß, sondern vertreibt sämtliche Bakterien, es ist also ein natürliches
Desinfektionsmittel !

Magisches : Lavendel ist gut gegen den bösen Blick, Lavendel streuen hält viel Unangenehmes fern. Lavendel ist eine der" MutterGottespflanzen", die gegen Liebeskummer helfen kann. Sie sei mehr der romantischen Liebe, als der sinnlichen Sexualität zugeordnet und vertreibe sogar die „Unkeuschheit" der Männer, wenn sie diesen pflanzten.

Mädesüß Filipendula ulmaria
Namen: Spierstaude, Wiesenkönigin, Wiesengeisbart, Wilder Flieder
Sammeln: Blüten, Blätter, Wurzel Juni - September
Inhaltsstoffe & Heilwirkung: Gaultherin, Salicylsäure, Äth. Öl, Heliotropin, Vanillin, Terpene, Gerbstoffe u. a.
Mädesüß wirkt schmerzlindernd, schweißtreibend, harntreibend, blutstillend, d.h. es ist ein wunderbares Mittel bei grippalen Infekten und rheumatischen Beschwerden. Fieber und Schmerzen werden weniger und Giftstoffe werden ausgeschwemmt. Neben der Weidenrinde also das Aspirin unserer Vorfahren!
Magisches : Für die keltischen Druiden bereits ein ganz wichtiges, heiliges Kraut hieß es später, Maria selbst hat dieses Kraut ausgesät. Der Name kommt von Med, da man früher damit den Med gewürzt hat (Honig & Mandelgeruch) und heute noch in England damit Bier würzt. Gestreut in Räumen, hellt es die Stimmung auf – und das finden vor allem Kinder magisch : Es riecht so, wie Bubble gum schmeckt!

Mutterkraut Tanacetum partenium
Namen: Frauenminze, Mutterkamille, Bertram, Goldfederich, Hemadknepfi
Sammeln: Blüten & Blätter von Mai bis September
Inhaltsstoffe & Heilwirkung : Ätherisches Öl, Kampfer, Harze, Gerbsäure u.a.
Mutterkraut wächst in vielen Gärten und wird oft als Kraut vergessen. Es wirkt schmerzstillend, beruhigend, krampflösend, fiebersenkend, uterusstimulierend.
Mutterkrauttinktur hilft bei Migräne, auch vorbeugend !
Das Kraut ist aber vor allem eine Pflanze der Geburt: menstruationsfördernd, bei der Geburt fördert es die Wehen und entkrampft den verspannten Gebärmutterhals – während der Schwangerschaft ist es allerdings logischerweise zu meide! Als Gesichtswasser hilft es bei Flecken, Unreinheiten. Als Kompresse ist es bei Ohrensausen anzuwenden!

Mutterwurz Ligusticum mutellina

Namen: Mutterkraut, Gamskraut, Bärenfenchel, Madaun

Sammeln : Wurzel, Samen, Blätter, Stängel Juni – August
          in 1300 – 2400 Meter Höhe

Inhaltsstoffe & Heilwirkung : Eiweiß, äthterisches & fettes Öl
Flavonoide, Mineralstoffe, Vitamine

Mutterwurz, verwandt mit dem Liebstöckl, ist das Heilkraut der Alpen. Alles was zu Petersilie, Liebstöckl aber auch dem Mutterkraut zu sagen ist, gehört auch zur Mutterwurz! Sie ist verdauungsfördernd, geburtsfördernd und krampflösend und wirkt bei Harnverhalten, chronischem Nierenleiden mit Grieß usw.

Mutterwurz hat auch in der Tierheilkunde einen festen Platz, fressen die Kühe viel, erhöht das erheblich die Milchmenge und hilft vor allem bei Koliken durch zu nasses Futter! Ein Extrakt aus der Wurzel ist in vielen traditionellen Kräuterlikören der Berge enthalten .

Das Kraut der Sennerinnen für alle Fälle !

Nelkenwurz Geum Urbanum

Namen: Benediktenwurz, Hasenauge, Heil aller Welt, Märzwurz, Mannskraftwurzel, Nägleinkraut, Nardenwurz

Sammeln: Wurzel im Frühling oder Herbst, Pflanze im Juni/ Juli

Inhaltsstoffe & Heilwirkung : Äthterische Öle, Eugenol, Gerb & Bitterstoffe

Mit der Gewürznelke verbindet die Nelkenwurz das äthterische Öl, mit der Komponente Eugenol das sehr antiseptisch wirkt. Deshalb hat die Pflanze wohl auch ein breites Wirkspektrum: Blutstillend, stopfend, herzstärkend, anregend, zusammenziehend, nervenstärkend und verdauungsfördernd. Auch Hildegard von Bingen beschreibt die Nelkenwurz als herzstärkend, also durchaus Herzinfakt vorbeugend !

Magisches : Bestandteil eines „Malefizpulvers" gegen böse Hexen. Im Viehfutter hält es Krankheiten fern und fördert die Milchbildung! Unters Kissen gelegt, träumt man von dem Dieb, wenn einem was gestohlen wurde!

Odermennig Agrimonia eupatoria

Namen : Brustwurz, Klettenkraut, Magenkrat, Königskraut, Lebenskraut, Heil aller Welt

Sammeln : Blühendes Kraut Juni bis August

Inhaltsstoffe & Heilwirkung : Gerb & Bitterstoffe, Triterpene, Klavonoide, Kieselsäure, Pflanzensäuren, ätherisches Öl

Odermennig wurde traditionell in fast jedem Bereich eingesetzt, der Name „ König aller Kräuter" drückt dies schon aus. Er wirkt stoffwechselanregend, entzündungshemmend, stopfend, heilungsfördernd, leber -& galleanregend, harntreibend, appetitanregend, wurmwidrig.

Die enthaltenen Gerbstoffe können sehr erfolgreich Bakterielles im ganzen Körper vertreiben, er enthält soviel Gerbsäure, dass man ihn früher zum Gerben von Leder verwendet hat und zum Färben!

Getrocknete Odermennigwurzeln verströmen einen wunderbaren Duft!
Odermennig ist Bachblüte Agrimony – führt von scheinbarer Harmonie zu Ehrlichkeit &
innerem Frieden.
Magisches : Als alte Heil -& Zauberpflanze stellte man mit ihm, Eisenkraut und Enzian
einen Liebestrank her, der aus einer Unwilligen eine Willige machen sollte. Odermennig
ist wie die Königinkerze eine Ernteorakelpflanze – blüht sie spät, wird auch die Ernte spät
sein!

Quendel Thymus pulegioides

Namen : Wilder Thymian, Feldtymian, Karwendel, Kundlkraut, Kranzlkraut
Sammeln: Blühendes Kraut Juli bis September
Inhaltsstoffe & Heilwirkung: Thymol, Pinene, Carvacrol, Gerbstoffe, Flavanoide,
Vitamine u. a.
Quendel ist wie Thymian auswurffördernd, antiseptisch, schweißtreibend, harntreibend.
Der Quendel ist aber auch ein ausgesprochenes Frauenkraut, bei schmerzhaften Wehen,
Wechselbeschwerden, melancholischen Zuständen etc. Quendelsalbe hilft bei trockenen
Ekzemen und trockener Haut.
Magisches: Kränze von Quendel schützen vor Kopfschmerzen, am
Fenster angebracht vor Blitzschlag, auf schwierigen Plätzen können sie die Energie
umkehren ins Positive. Der Freya und später freilich der Jungfrau Maria geweiht, ist sie
die Pflanze auf der sich Maria auf der Flucht nach Ägypten ausgeruht haben soll. Es ist
Bettstreukraut für die Gebärenden und eine Braut sollte sich etwas davon in die Schuhe
streuen.

Quendel

Salbei Salvia officinalis

Namen: Edelsalbei, Gartensalbei, Königssalbei, Mutterkraut, Zahnblätter

Sammeln : Blätter von Juni – August

Inhaltsstoffe & Heilwirkung : Bitter- & Gerbstoffe, Thujon, Harz, Gummi, Stärke, Eiweiß, Saponin, Säuren, Glykoside

Salbeitee wirkt auswurffördernd bei Husten, entzündungshemmend, keimtötend, krampflösend, magenstärkend, schweißhemmend, blähungswidrig, galleanregend, wundheilend, durchfallhemmend, milchsekretionshemmend, das heißt es ist das Mittel, wenn Frau abstillen möchte. Bei Entzündungen im Mundbereich hilft es, ein Blatt zu kauen! Dies täglich praktiziert schützt außerdem vor Ansteckung mit Erkältungsviren!

In der Küche verwendet ist Salbei ein Genuss, vor allem in Olivenöl ausgebraten. Da er eine Pflanze ist, die sozusagen die Säfte zusammenzieht, ist es auch ein Antiaphrosiakum und ist so schon von vielen Ordensbrüdern verwendet worden und von manchen Ehefrauen wohl auch!

Magisches : Bei uns sagt man : Der Salbei zeigt den Stand der Hausfrau an, da wo der Salbei kräftig und voll , ist eine starke Hausherrin im Haus, viel Gesundheit & Glück. Wann wird ein Salbei stark ? Wenn er viel verwendet wird ! Wenn also eine Hausfrau ihn fleißig verwendet, ist viel Frauenkraft & Gesundheit & Glück zu erwarten. Neben den medizinischen Wirkungen ist er vor allem wichtigstes Räuchermittel. Nach Krankheiten, unangenehmen Besuchen etc., reinigt der Rauch die Luft und wandelt wieder in eine positive Schwingung.

„Wer auf Salbei baut, den der Tod kaum schaut", dieser alte Spruch sagt auch viel über die große Kraft des Salbeis (von Salvare- lat. Heilen, Salvere – gesund sein).

Der griechische Salbei hat übrigens kein Thujon & riecht würzig nach Weihrauch, Muskatellersalbei riecht auch ganz wunderbar und der Klebrige Salbei, der bei uns am Alpenrand vorkommt hat ebenfalls Salbeieigenschaften, ist aber leider noch zu wenig erforscht!

Räuchern damit ist jedenfalls sehr wirksam!

Schafgarbe Achillea millefolium

Name: Bauchwehkraut, Augenbraue der Venus, Balsamgarbe, Blutkraut, Margaretenkraut, Bibhenderlkraut, Frauendank,Teekraut, Heil aller Schäden, Rippenkraut, Gotteshand

Sammeln: obere Hälfte der Pflanze Juni – August

Inhaltsstoffe & Heilwirkung: Proazulene, Campher, Thujon, Cineol, Eukalyptol, Gerbstoffe, Flavonoide, Bitterstoff, Cumarin, Mineralstoffe, Natrium

Schafgarbe ist Bestandteil der meisten Heilteemischungen. Sie ist vergleichbar mit Kamille, lässt sich aber im Gegensatz zu ihr nicht züchten und sucht sich ihre Plätze am liebsten selbst. Sie wirkt entzündungshemmend, anregend, antiseptisch, krampflösend, harntreibend, blähungswidrig, verdauungsfördernd, menstruationsregelnd.

Starke Menschmerzen & Krämpfe können mit ihr behandelt werden, aber auch bei starkem Blutandrang im Kopf, der Schmerzen hervorruft, als würde einem die Hirnschale zerspringen, hilft Schafgarbentee.

Äußerlich hilft ein starker Absud in Bädern bei Frostbeulen, Gicht, Rheuma, unreiner Haut, ausbleibender Mens, Ausfluss, Krampfadern und Blasenschwäche.

Ein Gesichtsdampfbad reinigt die Haut, heilt bei Akne, ein Gesichtswasser aus Schafgarbe macht schöne klare Haut !

Eine Schafgarbensalbe gehört zu den besten Heilsalben und kann auch bei Hämorrhoiden eingesetzt werden.

Als eines der ersten Wildkräuter eine wahre Köstlichkeit als Salat oder zum Rührei …!

Magisches: Schafgarbe wächst nur auf Plätzen , wo die guten Geister wohnen, deshalb werden in manchen französischen Gegenden Schafgarbenplätze nicht gemäht, um sie nicht zu stören ! Aus Schafgarbestängeln stellen die Chinesen ihr I Ging Orakel her !

Eine wahre Orakelpflanze : „Du wunderschöner Venusbaum, dessen Name Garbe ist, verrat mir heut nacht im Traum, wer mein Herzallerliebster ist." Mit diesem Spruch ist sie unters Kissen zu legen!

Dort schützt sie natürlich auch vor Zauberei und hilft für einen friedlichen Schlaf !

Moschusschafgarbe (Frauenraute) wächst am Berg und ist nicht nur menstruationsfördernd, sondern zählt eher zu den sogenannten Abortiva.

Und in Kurzform:

Hier noch ein paar Kräuter, die mir auch am Herzen liegen, aber ich will ja kein neues Kräuterlexika schreiben, deshalb hier die ganz saloppe Kurzform mit jeweils nur einer Anwendung, die mir persönlich wichtig ist:

Ackerhauchgeil: Rauchwerk für Plätze, an denen es spukt

Alant: Tee wirkt bei Husten auswurffördernd & schleimlösend

Andorn: Bittere Stoffwechselanregung

Anis: Aphrodisiakum (Ouzo !), blähungswidrig & milchbildend

Augentrost: Das Augenheilmittel (Umschläge, Kompressen mit Tee)

Bachbunge: Blutreinigendes Frühlingskraut – aufs Brot !

Bachnelkenwurz: Herzstärkend- Starker Absud vertreibt Schadinsekten

Barbarakraut: Vitaminspender – Wildgemüse

Basilikum: Schmeckt & heilt & vertreibt Fliegen

Benediktendistel : Sehr gesundes Wildgemüse

Berberitze: Saft wirksam wie Zitrone

Bibernelle : Sehr gesunde Salatbeigabe

Bingelkraut: Hexenkraut (frisch giftig)

Birkenschwamm: Bei Magengeschwür !!!

Blutwurz: Wurzeltee bei Durchfall bei Mensch & Tier

Bohnenkraut: Ein heiteres Küchenkraut mit viel Wirkung

Brombeere : Beeren mhh - Blätter –Schwarzteeersatz!

Dill: Macht eher traurig, schmeckt aber gut zu Gurken

Eberraute: Schutzkraut & Weihrauchersatz

Eberwurz: Wetterprophetin am Berg !

Efeu: Hustenmittel bei Asthma

Ehrenpreis: Salat, den ich preise

Esche: Blätter & Samen bei Schutzräucherungen

Estragon: aufs Grillgut, dann bleiben Fliegen fern

Gänsefingerkraut: Wildgemüse vor der Mens !

Goldrute: Das Nieren & Blasenmittel

Guter Heinrich: Wohlschmeckender „Berg"spinat

Habichtskraut: Habichtsblick bekommen

Hafer: als Brei- DAS Frühstück für die Kinder(gute Laune) !

Hagebutte: Wird „Venusmarmelade"

Hauswurz: Unsere Aloe Vera & Gewitterschutz!

Herzgespann: Herz entspannt

Hirschzunge: Hildegardschmerzmittel (geschützt)

Hirtentäschel: Köstlich in einen Salat

Holunder: *siehe eigenes Kapitel S.87*

Hopfen: Hopfensprossen schmecken spargelähnlich

Huflattich : köstliche Blätterrouladen als „Magnesiumbombe"

Kapuzinerkresse: Blüten & Blätter vorzügliche Salatbeigabe

Knoblauchsrauke: Wildgemüse ähnlich Bärlauch

Kohldistel: Kohlähnliches Wildgemüse

Leimkraut: Süßliche Sommersalatbeigabe

Melde: Milder als Spinat & kräftigend

Pestwurz: magisches Rauchwerk (früher gegen Pest)

Sauerklee: Saures Vergnügen im Wald – Wetterprophet

Schlüsselblume: mildes Hustenmittel – geschützt!

Schöllkraut: Milch gegen Warzen – Zeigerpflanze für Verwerfung

Seifenkraut: Hervoragendes mildes Waschmittel z. B für Seide

Springkraut: Samen köstlich – Impatiens –geduldig werden

Steinklee: Wohlriechendes Schutzkraut

Sterndolde: Magenstärkende, mensfördernde Wurzel

Storchenschnabel: Altes vielfältiges Heilkraut

Tagetes: Insektenabwehrend

Taubnessel: Eines meiner Lieblingswildkräuter

Veilchen: Kandiert eine Köstlichkeit

Vogelmiere: Antivirales Wildgemüse

Wacholder: Meine Lieblingsbergmagie…

Wegwarte: chicory- sich selbst zurücknehmen

Weideröschen: Das Prostatamittel

Weinrebe : Find ich in jeder Form köstlich

Wiesenbocksbart: Knospengeschmackswunder !

Wurmfarn: Ungeziefer meidet frischen Farn

Zinnkraut: Kieselsäurepower fürs Hirn!

Literatur zu den Kräutern

Wildpflanzen für die Küche Francois Couplan AT Verlag
Wildgemüse & Heilkräuter Steinbachs Naturführer Mosaik Verlag
Mondmagie & Liebeszauber Ute York Knaur Verlag
Geheime Zauberkräuter Margaret Picton Bassermann Verlag
Heilpflanzen Apotheker M. Pahlow Gräfe und Unzer Verlag
Feld-Wald-Wiesen-Kochbuch Eve Marie Helm Heyne Verlag
Pflanzengeschichten DAV im Eigenverlag
Die Kräuter in meinem Garten Siegrid Hirsch freya Verlag
HeilWeise Susun Weed Frauenoffensive

Zum Sammeln am Anfang bitte gutes Bestimmungsbuch mitnehmen (eines das euch anspricht!) oder mit Kräuterfrauen & Männern mitgehen !

Kräuterkranzerl

Ernten – binden –
verbinden
mit gespanntem Bogen
verbinde ich mich
dicht
    dichte klare Gedanken
    lassen mich erdigst
    verbündet sein
im Eins
mit
ihr

        M.G.2003

Berge als Verbündete & Freunde & Spiegel & „Keltenschanze"

So ganz in den Bergen zu wohnen ist manchmal anstrengend und einengend, aber es ist immer abwechslungsreich und aufregend! Die Berge sind für mich eben so herausfordernd, spannend und schön wie die Menschen! Manche Berge werden Freunde, manche früher oder später. Freunde und Menschen um einen sind ,wie ein Spiegel. Meine Berge um mich herum sind das auch! Nun, wie viele Meinungen frau / man da doch hat :
Der ist zu hoch , zu steil, zu überlaufen, zu langweilig, interessiert mich nicht, kenne ich schon, woanders ist es viel spannender, schöner ....
Wenn sie aber doch Spiegel sind und ich stell mich ihnen nie, werde ich mich auch nie wirklich sehen, sondern nur diese Meinungen aus meinem oder dem Hirn anderer sehen !
So wie die alte Frau von nebenan unter Umständen spannender sein kann als die Leute, die man angeblich kennen lernen sollte!
Also es lohnt sich, all die kleinen Berge , die tausendfach gesehenen aber nie besuchten Plätze um einem rum zu entdecken , kennen und lieben zu lernen!
Was nützt es mir z. B. einen großen Meister zu kennen, aber die eigenen Schatten, Spiegel, Anteile weder zu kennen, geschweige denn zu lieben.
Also was nützt es mir den Untersberg oder die Dolomiten gut zu kennen, aber z. B. mit dem Aschauer Kopf (Name !!!) nichts anfangen zu können?
Andere Orte auch zu sehen, zu erleben ist wichtig & bereichernd, auch ich reise wirklich gern! Und doch, die wahren Abenteuer sind vor meiner Haustür !
„ Das Leben ist nicht wie das Überqueren einer Wiese" sagen die Russen. Wahrlich, meine Lebensaufgabenberge sind auch nicht gerade klein. Aber je mehr ich sie begehe, Schritt für Schritt, desto mehr bin ich in meiner Mitte und desto mehr bekomme ich geschenkt!
Und so gibt es Berge & Menschen(und eben Anteile von mir) in meinem Leben:
Bei denen ich oft war, jetzt „Sendepause" ist, aber die innere Verbindung bleibt.
Die Teil meines Lebens geworden sind, verbunden mit Ritualen voller Liebe & Dankbarkeit.
Die ich kenne, deren Energie aber nicht mehr meinem Maß entsprechen, also reicht ein Kontakt mit Abstand.
Die mir Kraft schenken, obwohl ich es da gar nicht erwartet habe!
Die ich regelrecht übersehe, bis sie mich rufen, gesehen werden, besucht werden wollen!
Usw.

So ist ja auch meine persönliche Theorie, dass die Kelten diese unterschiedlichen Kräfte der Berge bei Ritualen zu nutzen wussten (z. B. bei Wetterbeeinflussung , Landmessung mit Strategie, …?) Das ist meiner Meinung nach der Grund warum wir hier in den Alpen keine Keltenschanzen haben – wir haben ja die Berge !
Und im flachen Land: das mit dem Plätzen um einem rum und dem Spiegel funktioniert genauso, ist aber eben nicht so fokussiert.
Wenn ich mit einer Energie arbeiten möchte, sollte ich sie irgendwie zentrieren – genau das haben meiner Meinung nach die Kelten getan – Kräfte (Elemente, Planetenordnungen etc) gerufen und manifestiert, um mit ihnen dann arbeiten zu können!

Und so ist es eben mit den Bergen, hier ist alles intensiver, gewaltiger, fokussierter : das Wetter, die Menschen, die Energien im Licht & Schatten (viele Berge - viel Schatten – viele Wandlungsmöglichkeiten – viele Heilkräfte) .

Uns so ist es zwar immer noch anstrengend hier, aber mir ist eine wunderbare Fülle an Möglichkeiten geschenkt, mit denen ich arbeiten darf. Intensive Energien die mich reich beschenken – meine Kanäle noch mehr öffnen, mich meinen Alltag mit Freude meistern zu lassen …

Begegnung

Abendstimmung nach Regen auf der Aueralm

Bergfreundin,
verwandelte
Murmeltierprinzessin,
bärlappbekränzt
begrüßt du mich
mit deinem Hofstaat
inmitten
der Latschen und Eisenhüte

heimkommen in dir zu mir

du zauberst
nach einem Bergregentag
ein Alpenglühenfeuer
für mich
Ich laß mich fallen
in die Arme
der glühenden wilden Kaiserin
wärme mich
an dem Feuer
meiner Bergahninnen

Danke !

M. G. 2004

Herbst & Erntedank & Hl. Notburga

Der Herbst, der kalendarisch mit der Herbst Tages und Nacht Gleiche am 23. 9. beginnt, wird für mich schon immer am Ende des Frauendreissigers eingeleitet. Die Nächte werden kühl und die Badezeit ist zumeist vorbei. Das deutsche Wort Herbst, ehemals „ her bist", entspricht dem griechischen „karpos", das die Zeit der Früchtereife und Ernte bezeichnet. Die Pflanzen ziehen sich zurück – sterben ab. Die frei werdende Lebensenergie ist in den Früchten und Samen gespeichert. Der Jahreskreislauf befindet sich im Ausgleich, Gleichgewicht - wir befinden uns im Sternzeichen der Waage ! Da die Waage auch ein Zeichen für Gerechtigkeit ist, mag es daran liegen, dass unsere germanischen Vorfahren am 21.9 ihren Gerichtstag (Thing) hielten und Recht sprachen.

Wie viel nimmst du dir ? Was ist dein Maß ?
Nach altem Volksglauben beginnt jetzt die Zeit der Geister. Feen tanzen im Morgennebel, Irrlichter lassen sich sehen und die Göttin verliert ihr goldenes Haar – als „Altweibasommer" fliegt es umher.

Eine der wichtigsten bayerischen Heiligen ist die Hl. Notburga. Sie wird mit einer Sichel dargestellt und in Eben am Achensee im Hochaltar als barockes, prunkvoll gekleidetes Skelett, übernimmt sie alle Funktionen der sogenannten Erntegöttinnen. Erntegöttin heißt auch „Leben imTod Göttin". Hekate , Demeter und Ceres waren ihre Namen. Kornähren, Sichel und Schlüsselbund ihre Attribute, die sie als Spenderinnen des Lebens, gleichzeitig als Schnitterinnen mit dem Schlüssel zur Anderswelt auswiesen.
In vielen Gegenden Tirols & Südtirols & Bayerns genießt sie tiefe Verehrung. Meist als Bauernmagd mit diesen Attributen dargestellt, wird sie vielerorts zu den Flurumgängen & Erntedanksprozessionen mitgetragen. Die Legende erzählt, dass Notburga um 1300 n.Chr. als Magd in Rattenberg im Inntal und später in Eben am Achensee gedient hat. Dort habe sie, so heißt es unter anderem, in ihrer an Symbolik so reichen Legende, eine Sichel an einem Sonnenstrahl aufgehängt zum Zeichen ihrer göttlichen Ermächtigung beim Feierabendläuten zum Gebet zu gehen. Hier in diesem Wunder der Verbindung von Mondsichel und Sonnenstrahl, offenbart sich die Verbindung Notburgas zu den zyklischen „Tod – im – Leben Göttinnen" alter Kulturen. Die halten ebenfalls den Schlüssel zum Leben & Tod in der Hand. Das Korn ist wiederum ein Symbol für Tod im Leben / Leben im Tod – wenn es stirbt, hat es den Keim neuen Lebens in sich !

Der nächste wichtige Heilige in dieser Zeit ist der *Hl. Michael* am 29.9., einem sehr wichtigen Lostag für die Bauern.
Hatte Jacob Grimm recht mit seiner Überzeugung, dass der Michaelitagkult den einer alten suevischen Erntegöttin am 28.9. übernahm ? Oder hat Michael den Kult des Wotan übernommen, wie es heißt ? Ludwig der Fromme (778 –840 n.Chr.) hat das Michaelsgedächtnis extra auf den Wotansfeiertag gelegt! Nur, dass bei uns nicht Wotan mit seinem Heer durch die Lüfte jagte, sondern die Percht mit ihrer wilden Gjad ! Auch sie ist ja eine „Tod- im Leben Göttin" und die Hüterin der Ahnen!

Lostage im Herbst :

13. 9. Hl.Notburga, siehe oben.

14.9 Kreuzerhöhungstag: *„ Ist `s hell am Kreuzerhöhungstag, so folgt eine strenger Winter nach"* – hier in Aschau sagte man frühers zum heutigen Tag : *„Zudraht is"* – damit war der „Hahn des Himmels" für schwere Gewitter gemeint – heute endeten die Bittgänge.

16. 9 Festtag der drei Bethen in Südtirol – alter Erntetagprozessionstag auch hier !

17. 9 Hl. Hildegard von Bingen
ab heute beginnen acht Schwend / Lostage, die eher ungeeignet sind Großes zu unternehmen oder Neues anzufangen !

29. 9 Michaelstag – ab heute wurde früher wieder mit künstlichem Licht gearbeitet, es war ein Quartalszinszahltag und früher ein freier Tag oft mit Markt & Festen verbunden
„ Michaeli viele Eicheln bringt, Weihnachten mit Schnee die Felder düngt"
„Regnets am Michaelstag, ein nasser Herbst folgen mag"
„ Kommt Michael heiter und schön, mags noch 4 Wochen so gehen"

Am ersten Sonntag im Oktober an den meisten Orten : Erntedankfest mit Prozession – Kornkrone, und die Hl. Notburga wird, wo vorhanden, von den Jungfrauen durchs Dorf getragen!

16. 10 Hl. Hedwig & Hl. Gallus
„ St. Hedwig & St. Gall machen das schön Wetter all – schweigt der Vögel Sing & Schall" „ St. Galltag, den Nachsommer man erwarten mag".

21.9 Hl. Ursula und ihre Gefährtinnen
Hier wieder eine spannende Vertreterin der Percht /Holla/ Artemis / Diana !
Ursula mit den 11.000 Gefährtinnen mit denen sie in See stach statt zu heiraten, Ursula – die Bärengöttin (Ursa – lat. Bär). Sie ist die" Alte Urschel" aus manchen Sagen – die Wandlungsgöttin, die die Geheimnisse des Dunklen kennt – Ursula mit ihrem Heer …es geht alles ineinander über !!!

Zu dem Jungfrauenthema – Bethen – Artemis   Hl. Ursula ist das Buch von Erni Kutter
ein Muß : „ **Der Kult der 3 Jungfrauen**" !!!

Kirchweihfest am dritten Sonntag im Oktober (seit dem 19.Jahrhundert festgelegt- vorher überall anders): Das war ein wichtiges, ursprünglich rein kirchlich gedachtes Fest. Aber in jedem Ort gab es da viel Brauchtum drumrum mit Märkten, Dorffesten und Tanz.

31. 10. HI.Wolfgang – Halloween –Samhain
Diese Nacht feierten die Kelten ursprünglich als Jahres/Winteranfang und es war die Nacht, in der die Toten umherzogen, Feuer wurden angezündet – amerikanisches „Halloweenvermarktungsbrauchtum" wurde daraus –leuchtende Kürbisse und Parties statt Ahnengedenken ???

1.11. Allerheiligen - Ahnengedenktag – Gräberumgang – frühers sagte man in diesen Tagen ist die Percht mit den Seelen unterwegs(ihrer wilden Gjad) – man legte ihr Unter dem Holunder Essen und natürlich auch auf die Gräber !
„ Bringt Allerheiligen einen Winter, bringt Martini einen Sommer,
hat Allerheiligen Sonnenschein, wird Martini um so kälter sein"
„ Ist `s Allerheiligen rein, tritt noch Altweibasommer ein"

2.11 Allerseelen – ein Tag, um den armen Seelen zu gedenken – heute ist ihr Tag, um den Weg ins Licht zu finden , Seelenwecken werden an die Patenkinder verschenkt. Keine scharfen, spitzen Gegenstände liegen lassen, damit die Armen Seelen nicht darauf reiten müssen.
„ In der Allerseelennacht zeigen die Geister ihre Macht"
„Allerseelen hell und klar, macht auf Weihnacht alles starr"

3. 11. HI. Hubertus - Jagdfeste –Beginn Großjagd

6. 11. HI. Leonhard - SP für das Vieh und der „Entbinder" SP für Gebärende, Gefangene, Schlosser - Ketten/ Kreisschutzmagie mit Leonhardsketten! Pferdeumritte & Segnungen.

11. 11. HI. Martin – ein wichtiger Lostag, Pachtzinstag, Feiertag mit letztem Festessen vor der vorweihnachtlichen Fastenzeit! Laternenumzug !Beginn Holzfällzeit! (Der HI. Martin steht mit den Bäumen durchaus in Verbindung, da es bekannt war, dass er in seinem Amt als Bischof gern alte „heidnische" Baumheiligtümer mit einer Kirche be/ ersetzen ließ –siehe nicht mehr vorhandene Martinskircherln auf den Chiemseeinseln !)

19. 11. HI. Elisabeth SP Bäcker – ein Tag wiederum an die Armen – die Anderen- zu denken, „Schürzenwunder" der Elisabeth u. a. wunderbare Geschichten !

21.11 Maria Opferung – selbes Thema – Tag wo frühers auf der Fraueninsel ebenfalls die Armen gespeist worden sind !

S´herbstlt

S´wirbelt und stürmt, nix mehr is mehr klar
Blattl wern bunt, is einfach wias immer scho war ?

Und doch bin i bei mir, wia zu koana andern Zeit
S´Leben is ma ganz nah und da Tod ned weid

Bunt is as Nahsein, wia weh dass a duad
S´Schmecka vom Herbst duad deam a ganz guad

I laß mi drauf ei, mechd so a Bladl a moi sei
des obafoid vom Bam und wird zu am Dram

vo am neia Frühling

M. G. 2004

Zauberwald
bei Kraiburg

Herbstmorgen am See

Frische klare bergbegrenzende
Unendlichkeit
übern Nebel
Feentanz
freigebunden
flüsterndes, wisperndes Schilf
„ Komm Gfeide,
tanz mid, ois is möglich"
dann konn sei dass i midtanz
recht gfeid
mit de Fein
und werd immer gfeida !

M. G. 2004

Am Chiemsee

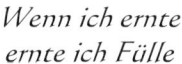

Heilige Notburga

Erinnere mich scharf und deutlich
mit deiner Sichel :

Wenn ich ernte
ernte ich Fülle

Wenn ich danke
ernte ich Fülle

Wenn ich gebe
ernte ich Fülle

dann ist Fülle
unermesslich
unendlich
und
ich er- innere mich
nur im Tod ist Wandlung
DANKE
ERNTEDANK
M. G. 2003

Holunderwunder & Drudenhax & Franziska Hager

Ich widme dem Holunder (Holla) ein ganzes Kapitel, weil er so wichtig ist. Frühers haben die Bauern vor ihm den Hut gezogen (vor einer Pflanze!!!). Sein Name zeigt schon die Verbindung zur Frau Holle/ Percht. Ich erlaube mir, den (wenn auch nicht professionell erforschten) Aussagen über das Brauchtum vor ca. 100 Jahren von Franziska Hager zu glauben. Sie hat aufgeschrieben , was ihr Herz angerührt hat, und das kommt eben auch im Herzen an, im Gegensatz zu „trockenen Erforschungen" !!!

Der Holler taucht bei ihren Aufzeichnungen immer wieder auf, so auch die Tatsache, dass die Bauern unterm Holunder als wichtigsten Hausschutzbaum ihre Opfergaben für die Percht und ihre Schützlinge legten. Dies geschah vor 100 Jahren noch in der Allerheiligenzeit und in den Rauhnächten! Tut man/ frau dies heute, sind wir eben gspinnert abgehoben, zu mystisch oder zu esoterisch! Und unsere Vorfahren? Waren diese Männer alle „gspinnert", weil sie den Hut gezogen haben? Die Zeiten haben sich geändert, ja , aber wir würden mit vielem Neuen besser umgehen können, wenn wir uns die Mühe machen täten, auch das Alte kennen zulernen und wenigstens ein bißchen mit dem Herzen zu verstehen (frei nach Franziska Hager !!!) Offensichtlich war vor 100 Jahren hier im Chiemgau trotz der patriachalen Kirchen & Staatsstruktur eine tiefe Verehrung der göttlich weiblichen Kraft vorhanden und offensichtlich mehr wie heute in diesen, ja so aufgeklärten Kreisen!!!

Viel Freude wünsch ich euch beim Wiederentdecken & Leben mit dem Holler, der Frau Holle/ Frau Percht !!!

Holunder / Holler Sambucus nigra

Namen: Holler, Flieder, Holderstock

Sammeln: Blätter vor und nach der Blüte, Blüten Juni/Juli, Beeren wenn sie schwarz sind, Rinde im Frühjahr, Wurzel im Frühjahr / Herbst

Inhaltsstoffe & Heilwirkung : Rutin, ätherisches Öl, Gerbstoff, Schleim, Cholin, Saponin, Säuren, Harz, Zucker, Glycoside, Flavonoide, Vitamine, Mineralien

Die ganze Pflanze ist ein großes Geschenk und mit einer" Hollerkur" wird das Immunsystem gestärkt und viel Heilsames möglich.

Alles an ihm ist Medizin !

RindenTee : Wirkt stark nierentreibend, eine Tasse über den Tag verteilt trinken und viel Wasser dazu ! Bei der Rinde gibt es eine Besonderheit: Ist sie von unten nach oben geschält wirkt sie als Brechmittel, von oben nach unten als Abführmittel! Dies ist aus mehreren Erdteilen bekannt. Ein Tee aus der inneren Rinde und kleinen Wurzeln reinigt die Nieren und hilft bei Wassersucht und ist auch ein Versuch bei Trigiminus und Rheuma wert ! Drei Tassen reichen und nicht mehr wie drei Wochen lang als Kur !

Rindenmark: Wurde mit Fett / Rahm gemischt als Heilsalbe verwendet und heute in der Mikroskoptechnik unter anderem zum Fixieren verwendet !

Blätter: Tee wirkt stark blutreinigend, eine Blättersalbe gegen Hämorrhoiden, ist aber auch bei Frostbeulen, Wunden und Prellungen zu empfehlen.

Blüten: Als Tee wirkt er schweißtreibend und fiebersenkend und unterstützt den Körper, mit der Krankheit besser fertig zu werden, auch wenn er nicht an der Ursache rüttelt. (mind. 0,5 L schnell getrunken). In geringerer Menge ist er auch ein beruhigendes Mittel bei Ohrenschmerzen, Zahnschmerzen und Kopfschmerzen ! In Wein gekocht , hilft dieser Trank bei Husten, Heiserkeit und Kehlkopf - & Rachenproblemen. Eine gesunde Köstlichkeit aus den Blüten sind die sogenannten „Hollerkiachen" – Hollerblütendolden in Pfannkuchenteig ausgebacken und der Hollersirup & Hollersekt!

Eine äußere Anwendung unterstützt die innere, und so ist eine Inhalation aus den Blüten sehr stimulierend und kräftigend. Blütenwasser (frische Blüten mit kochendem Wasser überbrüht, dann 12 Stunden drin eingeweicht) macht als Badezusatz eine wunderbar weiche Haut, aber auch direkt aufgetragen aufs Gesicht & Dekollete hat es diese Wirkung !

Äpfel, gelagert auf Blüten, schenken ihnen ein exotisches nach Ananas schmeckendes Aroma.

Beeren : Sie sind roh leicht giftig und verursachen Brechreiz & Durchfall. Man kann aber aus ihnen wunderbare Marmeladen, Säfte und Weine herstellen, die allesamt der Gesundheit sehr zuträglich sind. (viel Provitamin A und Vitamin C)

Holunderschwammerl : Die das ganze Jahr zu erntenden ,sogenannten Judasohren wachsen an alten Holunderstämmen(manchmal auch an Birken u. A.). Sie haben eine lappenartige Struktur und sind nahezu geschmacksneutral. In der chinesischen Küche werden sie frisch oder gequollen als Mu Err („Holzohr") pilze verwendet. In der chinesischen Medizin sind sie ein wichtiges Mittel den Blutdurchfluß anzuregen und werden bei Arteriosklerose & Kreislaufproblemen angewandt. Sie sind reich an Eisen, Kalium, Magnesium und enthalten Phosphor, Silizium und Vitamin B. Sie wirken außerdem entzündungshemmend und senken den Cholesterinspiegel. Anzunehmen, dass dies unsere Ahnen auch wussten!

Magisches :

Der Holler gilt als der Hausschutzbaum (drei mal am/ ums Haus mindestens).All seine Heilkräfte kommen uns zuteil, aber er ist eben auch Sitz der Percht und unserer Ahnen. Im Englischen heißt er auch „eldertree" – Ahnenbaum. Einen Holla ungefragt zu schneiden oder gar ganz umzuhauen, bedeutet Unglück . Dies mag mehrere Ursachen haben : Der Schutz der Percht & Ahnen wurde nicht beachtet und geht verloren. Aus der Sicht einer Rutengängerin wäre dazu zu sagen : Ließe man den Holler da wachsen, wo er wachsen will, würde man sich viele „Entstörmaßnahmen" sparen. Er wandelt Wasseradern und relativiert schwierige Schwingungen im Allgemeinen! Wird er umgehauen, werden die Bewohner dies unter Umständen bald körperlich spüren!

Die Frauen brachten früher ihre neugeborenen Kinder zum Holler, um Segen bei der Frau Holle/ Percht zu erbitten. Es ist auch der Platz, an dem sie die Plazenta vergruben, aber auch Haare, Nägel und sonstige menschliche „Verlängerungen". Sie übergaben dies dem Schutz der Percht und/ oder brachten es als Opfergabe.

Wenn die Nachgeburt einer zum ersten Mal kalbenden Kuh unterm Holler vergraben wurde, gab sie zuverlässiger Milch. Fehlt der Milch der Rahm, schütte man sie unter den Holler. Hollerholz sollte nicht verbrannt werden , außer es sollen bewusst die Ahnen gerufen werden.

Holunderholz in Türriegeln und im Gartentürl verwendet, schützt und begleitet die Menschen auf dem ganzen Lebensweg, auch bis in den Tod. Das Maß für den Sarg wurde früher mit einem Holunderstock genommen, und dem Toten wurden Holunderstücke auf die Leiche gelegt. Auch war es üblich, dem Holler die Krankheiten zu bringen, bzw. sie mit einem Hollerstab zu "bannen". So sollte man nie einen Hollerstab, der in der Erde steckt, herrausziehen, sonst könnte es passieren, das man selbst die "gebannte" Krankheit bekommt. Der Holler ist auch immer Eingang zu anderen Reichen, das der Zwerge und Elfen , die in vielen Märchen auch der Frau Holle / Percht unterstehen. In den Sonnwendnächten öffnen diese Reiche ihre Tore und man könne dort manchmal eine Elfenhochzeit oder Ähnliches sehen. Ein geschnitztes Hollerpfeiferl könnte also auch durchaus "magische" Wirkung erzielen und die Naturgeister rufen.
Mit Hollerstäben lohnt es sich auch in Wohnbereichen zu "arbeiten", die keinen Schutzbaum vorm Haus haben können (auch wenn dies eigentlich selten der Fall ist!)
Ein Holler wächst in jeder Mauerritze !
Und zuletzt weise ich auf den wunderbaren Kinderreim hin, den wirklich jeder kennt und jeder der als Kind (oder auch später) schon mal unter einem Hollerbusch gespielt hat, weiß was damit gemeint ist, oder ?
" Ringel, Ringel Reihe, wir sind der Kinder dreie, sitzen unterm Hollerbusch, machen alle Husch, Husch, Husch!"

Weißer Hollersaft
nach dem Rezept der Tollhofwirtin von St. Georgen bei Bozen
Dieses Rezept ist mir das Liebste, weil der Sirup haltbar ist und so meinen Jahresbedarf decken kann

Zutaten für ca 1,2 l Saft:
8 Blütendolden, 3 unbehandelte Zitronen, 1l Wasser,
1 kleines Glas Apfelessig, 400 g Zucker
Zubereitung:
Wasser mit Blüten & geviertelten Zitronen 2 Tage zugedeckt ansetzen, ab und zu umrühren, dann gesamt durch Tuch pressen, mit Zucker & Essig aufkochen und in saubere Flaschen abfüllen

„Holunder tut Wunder" Ein Märchen

Es begab sich im Verlauf der zwölf heiligen Nächte, dass sich Frau Holle rüstete, wie immer in diesen erregenden Zeiten der Jahreswende, das Menschenland zu durchwandern. So kam sie auch über die verschneite Heide. Da war es Weihnachten im ganzen Land. Und sie hörte auf den Gesang der Bienen im hohlen Baum, auf den Atem der Tiere, die unter der Schneedecke schliefen oder in den warmen Höhlen. Sie lauschte auf die Stimme der Steine und den strömenden Saft unter der Borke von Busch und Baum. Aller erstorbenen Blumen Frühlingshoffnung lag ihr im Ohr. Es stand aber einsam auf der verschneiten Heide ein kahler, stakiger Strauch. Seine Zweige knackten zum Erbarmen im Rauhfrost der Weihnacht.

Frau Holle lieh auch seiner Klage Gehör und fragte den Busch: „Was klagst du so?"
Da wehte es aus den brackigen Zweigen her: „Oh große Mutter! All deinen Kindern hast du einen Nutzen und Sinn in den Keim gelegt. Die Menschen brauchen die Nuss von der Hasel, die Rute von der Weide, und selbst den struppigen Ginster binden sie Winters in ihre Besen. Dem Flachs hast du gute Fasern gegeben und allen Blumen Schönheit zur Augenweide. Nur mir hast du weder Glanz noch Nutzen verliehen. Und selbst die ärmsten Menschenkinder verschmähen mein Holz für den Hausbrand."

Die Klage rührte die Weise Frau an das Herz und sie lächelte: „Gut denn, weil du den Menschen so gern hold bist, so will ich dir selber den Namen geben, Hollerbusch sollst du von Stund an heißen in ihrem Mund. Dazu verleihe ich dir eine edle Kraft, die dich wert macht vor allem Gebüsch." Und sie schenkte dem Busch die Heilkraft der Rinde und der Blüten und füllte ihm seine tausend Beeren mit Arznei. Bei schlimmen Tagen, als Not und Krankheit die Menschen heimsuchten in ihren Häusern, erkannten sie bald die heilenden Säfte vom Holunderstrauch.

Da holten sie den verschmähten Busch in ihre Gärten, an ihre Höfe und als bald war kein Backofen mehr in den Dörfern zu finden, in dessen Schutz nicht der Hollerbusch grünte und blühte zur Augenweide mit seinem Segen. Die Kranken wurden gesund vom Trunk seiner Säfte. Und ihre Kinder spielten im Duft der schattigen Blütenteller die liebsten Reigen.

Aus „ Rauhnächte" von Sigrid Früh, Stendel Verlag

𝔇rudenhax Das Pentagramm

Der Drudenhax, Drudenfuß, das sogenannte Pentagramm basiert auf dem Symbol der Göttin Kore im Kerngehäuse des Apfels. Die pythagoräischen Mystiker verehrten es unter der Bezeichnung Pentalpha, da es fünfmal den Anfangsbuchstaben des Alphabeths ineinanderschlang. Seine Bedeutung war „Leben" und „Gesundheit".

In Ägypten stand der fünfzackige Stern für den Schoß der Erde. In Babylon wurde es als Schutz & Heilzeichen auf Töpfen und als Amulett verwendet. Dieses unter der Bezeichnung „ die sieben Siegel" bekannte Amulett enthält als erstes Zeichen ein Pentagramm. Nach der jüdisch –christlichen Tradition sollten die Siegel die geheimen Namen Gottes darstellen. Das Pentagramm war der erste, eingeschrieben in König Salomos Zauberring. So wird es wohl manchmal fälschlicherweise Salomonssiegel genannt.

Mit nach oben gerichteten Zacken war es bei den neuplatonischen Philosophen das Zeichen für den gehörnten Gott, er in fünf Formen erschien: As Mensch, Stier, Widder, Geißbock, Hirsch . Also ein Symbol des Pan, aus dem die mittelalterlichen Kleriker bekannterweise den Teufel machten und das Symbol an sich mit teuflischen Dingen, Ritualen verbanden. Heute wird es in christlichen Kreisen sofort mit satanistischen Handlungen in Verbindung gebracht.

Welch eine Schwarz/Weißmalerei!

Derweilen war es auch bei unseren keltischen Vorfahren ein Symbol für die Mutter / Erdgöttin, die sie Morgan nannten.

Wie auch bei anderen Figuren, die aus einer fortlaufenden Linie bestehen, sagt man dem Pentagramm eine starke Schutzwirkung vor Geistern nach. Gleichzeitig findet man noch magische Riten, die mit Schutz & mit Heilung zu tun haben. Zigeunerinnen schneiden den Apfel nach wie vor so auf, dass die Kore, das Pentagramm der Jungfrau sichtbar wird, die sie den Stern der Erkenntnis nennen.

Es ist ein machtvolles, kraftvolles Symbol und es hat verstärkende Wirkung für individuelle Zwecke. So ist es wie mit vielem eigentlich positiven Machtvollem:
Es wird zu Machtzwecken missbraucht – da sollte gerade die katholische Amtskirche lieber ganz still sein !!!

Und hier in Bayern ? Haben es die Bauern unter dem Dreikönigssegen (zur Sicherheit wie F. Hager schreibt) mit derselben Kreide gemalt. Was damit verstärkt wurde, könnt ihr unter Perchttag & Großneujahr lesen !

Ein weiteres sehr magisches Brauchtum aus dem Alpenraum, das ausschließlich mit der Percht zu tun hat, ist das Perchtenlaufen. Dabei gibt es einen segensreichen Drudenhaxtanz, bei dem fünf lange Stäbe in einem Tanz gelegt werden!

(Siehe „ Perchtenbrauch in Bayern" von der Kirchseeoner Perschten Stiftung)

Nun nochmals kurz zu *Franziska Hager,* die Priener Lehrerstochter die zwischen 1900 – 1947 das Brauchtum, das sie im Chiemgau erlebte, aufschrieb.

Daraus ist keine wissenschaftlich fundierte „Brauchtumsquelle" geworden, aber eine der wenigen Quellen überhaupt, auf die sich die meisten Bücher über Brauchtum beziehen. Die von Hans Heyn in den 70 zigern überarbeiteten Schriftstücke wurden in mehreren Büchern im Rosenheimer Verlag herausgegeben .

Eines trägt den Titel : „Drudenhax & Hallelujawasser" – der Titel gefiel Hans Heyn nicht wirklich, wie er mir kürzlich sagte – ich fand ihn wunderbar!

Da weit nach dem Krieg geboren, kann ich wohl auch den bitteren Beigeschmack nicht schmecken, der entsteht, wenn jemand vom germanischen Erbe spricht! (F.Hager spricht davon des öfteren!)

Schade, was da alles verloren geht, wenn(ich wiederhole mich) die Kräfte & Symbole etc. missbraucht werden!

Ich möchte mit meinen Ausführungen weder die alte Zeit verklären noch beschönigen, aber ich kann nicht umhin, meine Ahnen zumindest in einem zu „beneiden": mit welcher Selbstverständlichkeit sie zumeist christliche Religion & Glaube, mit der Muttergöttin & der Magie verbunden haben. Was mehr verloren gehen ließ, der 2. Weltkrieg und Hitlers idiotische Germanenpropaganda oder der darauf folgende Aufschwung & Fortschritt? Ich weiß es nicht, befinde mich aber einfach auf Wurzelsuche.

So gehört genau an diese Stelle die Geschichte meiner Uroma aus Niederbayern, die Mutter meiner Oma , die mir das Rutengehen mit einem Haselnussstecken gezeigt hat, und die die „Wasserschmeckerin" des Dorfes genannt wurde:

Schlupfwurzel & Schlupfsteine & Abladen & Übergang

Meine Uroma hatte neun Kinder, das jüngste, die Tante Resl war bei ihrer Geburt schon nicht sehr stark und bald rachitisch. Sie verstarb als Baby und wurde im Haus in einem Zimmer aufgebahrt, so wie es zu dieser Zeit auf einem Bauernhof üblich war. Meine Oma hatte dann zu einer Zeit den Dienst der Totenwache zu übernehmen. Kerzenschein – Rosenkranz – dann: Resl bewegt den kleinen Finger !
Sie ist gar nicht tot ! Meine Oma rief meine Uroma und was tat die ?
Sie rief weder Doktor noch Pfarrer noch sonst wen ! Sie packte das Kind ging in den Wald und zog es mehrmals rosenkranzbetend unter einer Schlupfwurzel durch. Es war wohl ein EntwederOderhandlung ? Jedenfalls lebt die Tante Resl heute noch ein sehr bewegtes, lebenslustiges Leben ! Drei Töchter von drei Männern ... !
Erst vor einigen Jahren wurde mir die „Tragweite" dieser Familiengeschichte etwas bewusster. Meine Uroma, sowie mir meine Mutter versichert eine äußerst gläubige Frau, verlässt sich also in diesem Moment zwischen Leben und Tod nur auf das alte Wissen um der Heil & Wunderkraft einer Schlupfwurzel & und die eines Gebetes !
Sie geht allein und zielbewusst mit dem Kind in den Wald, so selbstverständlich und bestimmt, dass sicher niemand in Frage stellte, ob das richtig ist oder falsch.
Mittlerweile sehe ich diese Geschichte als großes Geschenk meiner Ahninnen und bei dem meisten, das ich tu, spür ich ihr Wohlwollen im Rücken, das mich sehr stärkt.

Schlupfwurzeln wurden in der Zeit meiner Uroma auch dann verwendet, wenn Kinder Fraisen zogen(Gesichtszuckungen hatten), nicht zu verwechseln mit dem Fraiseln der Babys(Vorstufe des Lachens von Neugeborenen). Ein Zauber, ein Fluch lag eventuell über diesen Kindern und / oder die sogenannte Drud drückte sie. Mit der abstreifenden d.h. abladenden Kraft einer sogenannten Schlupfwurzel kann man unangenehme Energien loswerden, das steht jedenfalls fest und könnte/ kann man mit der Rute radiästetisch nachweisen, frau machts einfach. Eine Schlupfwurzel kann eine ausgehöhlte Wurzel sein, durch die man hindurchschlüpfen kann, oder ein Baum der Schlupfräume bildet usw..
Sicher haben unterschiedliche Wurzeln, Bäume auch unterschiedliche Kräfte, aber ich vertraue mittlerweile wie meine Uroma darauf, dass der richtige „Abstreifplatz" sich nahe dem Platz befindet, wo ich gerade bin!
Abstreifen erweist sich als sehr hilfreich bei allen nervlichen Angelegenheiten und die damit zusammenhängen können.(Kopfweh, Nervöse Unruhe, Schlaflosigkeit, Ängste...)
Schlupfsteine tun Selbiges. Solche Steine findet man bei uns und in den Alpen als sogenannte Klobensteine, dies sind „geklobene" Steine – Felsspalten, durch die man hindurch gehen (eng!) kann. Hier ist der Effekt der Abstreifens meist sehr wirkungsvoll, es ist ein Leerwerden!

Auf den ersten Blick erscheinen die Klobensteine, die ich im Chiemgau kenne, sehr unterschiedlich in dem was danach kommt, aber eben nur auf den ersten Blick.

Klobenstein nördlich der Traun: Ein Durchschlüpfen endet direkt in der Traun- daneben ein sehr heiteres aufladendes Hügerl mit einer Maria !

Klobenstein im Achental : nach unten gegangen landet man in der Ache, nach oben in dem Wallfahrtskircherl Klobenstein, das für mich aus verschiedenen Gründen mit der Mutter ANNA zu tun hat und wo es außerdem eine wunderbare Quelle mit rechtsdrehendem, also aufladendem Wasser gibt!

Klobenstein beim Engelstein/ Bergen – endet in einer Höhle, die sich wiederum in den Himmel öffnet, dort steht der Sage nach der Kessel der drei wilden Jungfrauen, wo sie eben kochten! Drumrum dann ebenfalls die äußerst spannenden aufladenden Jungfrauenplätze!

Und so bleibt es immer das gleiche Ur – bild : Wenn ich loslasse, um Heilung bitte, muß ich alles loslassen, vertrauen und alles in IHREN Kessel geben !

Ganz leer werden um dann die heilsame, neue Energie aufzunehmen !

Weitere Schlupfsteine, die bei uns bekannt sind, sind die „Durchkriechsteine" des St. Wolfgangs , der genau am 31. 10 Patrozinium hat, wo es ja auch um Übergang geht. Dem Heiligen sagt man nach, dass er zum einen Steine erweichen konnte, zum anderen bei Gelenk / Knochenproblemen, Rheuma etc. helfen würde. Tatsache ist, dass seine Kirchen, wie die im nördl. Chiemgau, auf alten Kultsteinen oder bei heilsamem, abladendem Wasser gebaut sind. In diesem Fall befindet sich der Stein direkt im Altarbereich und es ist gar nicht so leicht durchzukommen !

Flurnamen mit „Stein" sind zumeist ein Hinweis auf einen alten Kultplatz. Zumeist ist auch die nächste Marienkapelle nicht weit! Oder eine Sage verweist auf die Erscheinung einer Weißen(weisen) Frau oder eben der Jungfrau Maria. "Steinplätze" sind meist sehr heilende, lichte Plätze, siehe auch die Maria Schneekirchen in Südtirol. Es lohnt sich immer zu schauen wo der „Abstreifplatz" ist und / oder der/ die Steine!

Das „ Abstreifen" bei abnehmenden Mond / Neumond hat verstärkte Wirkung. Wie es in einem Wörterbuch der deutschen Symbolik heißt: „ Der Durchgang ist zugleich ein Übergang von einem Seinsbereich in einem anderen. Er dient der magischen und kultischen Reinigung. Mit dem Durchkriechen soll das Alte abgestreift und die Wiedergeburt ermöglicht werden…" Auf Neumond zu gehen wir „mondtechisch" eben auch in diesen Loslassprozess und es ist kaum verwunderlich, dass das „Abbeten" von Krankheiten auch am besten kurz vor Neumond (insbesondere der Freitag davor, warum weiß ich nicht) funktioniert. Eine Freundin von mir, eine die mit beiden Beinen voll im Leben steht(ernährt große Familie als Baugutachterin), hat das „ Abbeten" vor 15 Jahren von einer alten Aschauerin übernommen und hat eben immer Freitag vor Neumond „Sprechstunde"! Sie ist eine „Abbeterin"!-

Dazu ein Hinweis : Alte Gebete sind oft sehr „heilgeladen", weil sie schon von vielen Menschen sehr oft gebetet worden sind, so wie auch viele Kirchen oft sehr "durchbetet" sind. Dies ist ein Verstärker für die „Heilwirkung".

Ein inbrünstiges Gebet aus dem „Bauch" & der dementsprechenden heilWeisen Handlung, hat allerdings dieselbe Wirkungsweise. Und warum nicht kombinieren ?!

In den Kessel hinein

Tränengründe
grundeln
ziehen mich durch
ziehen mich hinein
in den sanften, bitteren Schlamm
des Schmerzes
und des nicht verstehen Könnens
und lösen neue Salzwasserströme aus

irgendwann liege ich
bewegungslos am Grund
Algen schmücken mein
tränenverquollenes Gesicht
nicht mehr lebend
auch nicht tot
tief versunken und schlafend
in der Leere
des Grundes
weit weg was war
noch weiter, das wie es weiter geht
nur das Jetzt der Leere

bis ich den Schatten einer Nixe wahrnehme
und sie stumm bitte
mich wieder nach oben zu bringen
wenn's an der Zeit ist

M. G. 2004

Adventszeit & D´Katl mit dem Radl & Lichtbringerinnen

Die Adventszeit, die früher auch eine Zeit des Fastens war und eine Zeit des
Innehaltens begann mit *Martini* genau 40 Tage vor Wintersonnwend am 21. 12.
(40 Tage danach ist übrigens Hl. Martina am 30.1. !). Advent ist die in der christlichen
Tradition benannte Erwartungszeit Christi Geburt, so seit 836 festgelegt und seit dem 11.
Jahrhundert als eine Fastenzeit festgelegt. An Martini fand das letzte Festessen im Jahr
statt, ein Martinsgansfestbraten.(„martiner" heißt auf französisch gut speisen).
Dem Heiligen St. Martin, dem ersten Heiligen der eines Nichtmärtyrertodes starb, gab
die Kirche einen wichtigen Tag / eine wichtige Bedeutung. Kein Wunder, dass so diese
Legenden um ihn herum entstanden sind! Der 11.11. (oder kurz vorher/nachher) war sicher
auch schon bei den Kelten ein wichtiger Schwellentag :
Die Gans hatte bei ihnen auch schon die Schwellenbedeutung der Verbindung vom
Himmel zur Erde. Sie war bei den Germanen dem Wotan zugeordnet und bei uns der
Holla/ Percht. In alten Runenkalendern ist dieser Tag bereits mit einer Gans
gekennzeichnet und bei den Griechen war sie der Göttin Nemesis geweiht, der Göttin
des rechten Maßes, die Überheblichkeit und Frevel straft.

Es ist ein wichtiger Tag (bzw. sind es Tage siehe Hl. Elisabeth) um klar zu werden :

*Wie viel Vorrat (Energie, Geld , Gwand, Samen fürs neue Jahr…) brauchst du wirklich
um bis zum Frühling, bis zur nächsten Ernte genug zu haben?*
*Was meinst du aus Gier, unrechtem Maß etc. besitzen zu wollen, was du gar nicht
brauchst?*
*Zuviel Besitz kann belastend werden: Viele Gänse sind Reichtum, der aber übern Winter
gefüttert werden will - Saat (Lebensenergie), die im Frühling/ Spätsommer dann fehlt!*
*Die Gans kann also zum Symbol werden, für alle uns so wichtigen Dinge, von denen wir
uns vielleicht doch trennen können, weil sie ein anderer viel besser brauchen kann
(Mantelteilung des Martin) .*

Gänse waren für die Kelten sehr wichtig und wertvoll. Sie waren die besten Haus &
Hofhüter und zeigten vor allem zuverläßig ein drohendes Gewitter an noch, bevor es
wirklich zu sehen war! Wenn sie also an diesem Tag all ihre Gänse schlachteten und nur
ein Pärchen über den Winter fütterten, war dies sicher auch eine Art Opferhandlung, mit
der Bitte um einen segensreichen Winter.
„Der Martinitag zeigt an, was der Winter für ein Mann" & *„ Elisabeth zeigt an, was der
Winter für ein Mann."*

Dies war auch ein Tag, an dem die Bauern früher ihren jährlichen Pachtzins an die
Klöster in Form von Naturalien zahlten. Bei den Klöstern wiederum gab es in diesen
Tagen viele Armenspeisungen. Hunderte von Brotlaiben etc. wurden z. B. auf der
Fraueninsel beim Kloster ausgegeben.

Heute begann an den meisten Plätzen die Spinnstubenzeit (endete mit Lichtmess). Das Brauchtum rund um die Gans ist noch bei einigen Bräuchen aus alter Überlieferung um Andreas zu sehen, da hat man einer Gans die Augen verbunden, sie in die Stube geführt. Vor welchem Mädchen sie stehen blieb, dieses heiratete im nächsten Jahr!

Der Beginn der Adventszeit ist ein Beginn mit *Teilen & Loslassen & Gewahr Werden & Be - Sinnung*
Einiges hat sich leider „*verschroben*" verschoben:

Um diese Zeit herum, wird eher gehortet, um dann Leuten, die eh schon viel haben, noch mehr Unsinniges an Weihnachten zu schenken. Nicht zu vergessen das „schlechtegewissenberuhigende" Scheinchen, das eventuell an Weihnachten gespendet wird! – das ist dann „ *Teilen*".
Davor: Eine laute, glühbirnenbeleuchtete Zeit mit sich biegenden Weihnachtsfeiernbuffets & Weihnachtsmännern - *Be – sinnlichkeit* ist eher selten zu spüren.
Das Gewahr werden passiert dann an Weihnachten, wenn man merkt, dass nichts da ist, was einen hält (projiziert auf Partner & Familie etc.) oder wenn die erwartete „Familienidylle" wie eine Seifenblase zerplatzt.
Loslassen heißt dann Berge von Müll am 2. Weihnachtsfeiertag und das war`s dann.

Das war der *verschoben verschrobene* Advent, oder so.
Nichts für ungut, es ist ja Gott / Göttin sei Dank nicht überall so !!!

Adventbrauchtum

Das meiste Brauchtum wie auch sonst im Jahr, ist nicht unbedingt christlichen Ursprungs. Es hat aber trotzdem teils seinen Platz in der Kirche finden dürfen, als halbsakrales Brauchtum:
So zum Beispiel die grünen Zweige : *Immergrünen Zweigen* von Tanne und anderen Nadelbäumen, Efeu, Mistel und Buchs, Stechpalme oder solchen, die früh im Jahr zu blühen anfangen, wurde von jeher besondere Lebenskraft zugeschrieben. Solche grünen Zweige wurden auch als „Wintermaien" bezeichnet. Der alte Brauch, grüne Pflanzen im Winter ins Haus zu holen, lebt noch fort im Adventskranz und im Christbaum.

Adventskranz : Seit 1833 ist uns der Adventskranz bekannt, von einem Evangelischen Pfarrer aus Hamburg initiiert, allerdings anfangs mit 24 Kerzen. Erst später ist daraus ein kleiner Kranz mit vier Kerzen geworden.

Unseren *Christbaum/* Weihnachtsbaum gibt es auch erst seit ca. 100 Jahren. Vorläufer dessen war das sogenannte „Paradeisl", lichtergeschmückte Zweige auf einem Holzgestell, das nach dem mittelalterlichen „Paradiesspielen"(der 24.12. war Adam & Eva Tag) benannt wurde. Eine interessante Vorvariante des Christbaumes ist die erzgebirgische Weihnachtspyramide, die auch dem Symbol der vier Elemente entspricht.

Die grünen Zweige, die sicher das Zeichen der Hoffnung symbolisieren, wurden aber auch als Schutz -& Abwehrzauber verwendet. Ein Türkranz oder ein Zweig mit einem Strohstern in Form eines Drudenhaxes war am Haus so wichtig und sinnvoll, wie Mistelzweige etc. im Haus! Ob wir nun an dunkle Winterdämonen, schiache Perchten oder die bluadige Luz glauben oder schlicht und ergreifend unsere Ruhe vor nervigen Vertretern, keifenden Nachbarn etc. haben wollen: *Ein Türkranz ist ein Segen, es ist ein Ausdruck eures „ Da wohn ich und heiße die willkommen, die mir wohlgesonnen sind!"* Einen schönen Satz hierzu habe ich mal in einem Lied gehört, der fällt mir oft ein, wenn es mir nach Ausräuchern, zum Durchfegen& Putzen oder Neuaufhängen eines Türschutzes zumute ist :*„Und alles was nicht Liebe ist, bitte ich hinaus!"*

Sehr altes *Mittwinterbrauchtum* scheint auch beim *Platzerl Backen* durch. Formen wie Sonne, Mond, Sterne, Herz, Schwein u. a. haben mit dem alten Brauch der Gebildbrote zu tun. *„Das Bild das du isst, dessen Kraft & Segen wird dir zuteil"* Diese Aussage ist zwar vergessen, aber die Symbole sind geblieben! Z. B. auch bei den „Fruchtbarkeitssymbolsemmeln" oder „Segenssemmeln", die wir bei jedem Bäcker bekommen!

Adventskalender sind auch von evangelischer Seite um 1850 entwickelt worden und 1908 wurde der erste mit Türchen gedruckt! Nachdem die Süßigkeitenindustrie ihn für sich entdeckt hat und mittlerweile auch die Spielwarenindustrie, hat er selten noch was mit dem Adventsgedanken zu tun.

Kripperl: Ein schöner Brauch für mich ist das Kripperl Füllen. Am ersten Adventsonntag wird es leer aufgestellt und nach einem Rhythmus, mit Geschichten oder sonst wie, im Verlauf des Advents von den Kindern gefüllt und richtig schön hergerichtet.

Lostage im Advent :

11.11. Hl Martin , 19.11 Hl. Elisabeth, 21.11. Maria Opferung siehe Herbstlostage

25. 11. Hl. Katharina , eine der drei Madln (Katl mit dem Radl !) die eben mit Barbara und Margarete die Trinität der alten Muttergöttin repräsentieren. Katharina von Alexandrien(? – 306), über deren Leben fast nur Legendarisches bekannt ist, eignete sich wohl besonders den weisheitlichen Aspekt (schwarz) zu übernehmen.

Sie, die auf Befehl des Römischen Kaisers mit fünfzig
heidnischen Gelehrten über die christliche Lehre stritt und die sich von ihr
bekehren ließen ! Sie wurde angeblich gerädert(eine Foltermethode).
Jedenfalls wird sie mit dem Rad dargestellt, in alten Darstellungen
noch das ganze Rad als Symbol für das Lebensrad, das Wissen um
Jahreskreis & Zyklen. Die Hl. Katharina hat im Leben der Jeanne d`Àrc
(1412 –1431) eine große Rolle gespielt, sowie aus den Prozessakten (1431)
nachzuweisen ist. Ob das und Katharina von Siena auch eine sehr
weisheitliche, kämpferische Frau nicht auch zu der „Katl mit dem Radl"
geführt haben ?
Jedenfalls war der Katreinstag früher wichtig , an dem Tag blieben
spätestens die Weidetiere im Stall und man begann mit der Schur. In der
Küche begann das Platzerl Backen. Diese wurden und werden sogleich
versteckt, was zwar nutzlos ist, weil es ja den Reiz erhöht sie zu
stibitzen. Dies war ein Tag, an dem Knechte und Mägde Lohn bekamen ,
den sie dann auch sogleich beim Katreinsmarkt und/ oder Katreinstanz
loswerden konnten.
„ Katrein stellt den Tanz ein" – die war also die allerletzte
Tanzmöglichkeit vor Weihnachten !
„ Wenn auf Katrein kein Schneefall ist, kommt er auf Andre ganz gewiß"
„ Schafft Kathrein vor Frost sich Schutz, geht man später noch lang in
Schmutz"

30. 11. Andreastag : An diesem Tag begannen in vorchristlicher Zeit die
Fruchtbarkeitsriten . So wurde der Apostel Andreas vor allem von den
heiratswilligen und unfruchtbaren Frauen angerufen. Der Andreastag war
ein wichtiger Orakeltag: ob Hochzeit, Fruchtbarkeit auf den
Feldern konnte wohl in dieser Nacht leichter „erschaut" werden.
Das Kreuz auf das er angeblich gebunden zu Tode gefoltert wurde, hat welch
ein „ Zufall"- die Form einer alten Schutzrune. Das sogenannte
Andreaskreuz, dass wir von Bahnübergängen kennen und dass da wohl auch
diese Funktion hatte bedeutet immer „Positive Sicherheit", weil positives
Geben und Nehmen Grundlage ist.
Als Rune „Gebo" hatte es auch genau diese Bedeutung, war aber auch Symbol für die
positive Liebesvereinigung zwischen zwei Menschen, aus der Schöpferisches
entstehen kann.
Dies passt sowohl zum Andreas und seiner Bedeutung, als
auch zu den Plätzen, wo früher die Andreaskreuze standen ! Sie standen an
den „ Wetterkreuzplatzen" mit Opferschalen darunter, sie hatten Spitzen
obendrauf damit sich die „Wetterhex" nicht hat darauf setzen können.
„ Wirft Andreas Schnee, tuts dem Korn und Weizen weh"
„ So schau in der Andreasnacht, was für Gesicht das Wetter macht, so wie es
ausschaut, glaubs fürwahr, bringt`s gutes oder schlechtes Jahr"

4.12. HI. Barbara SP der Bergleute und der Sterbenden . Weil sie die „ weiße" unter
   den drei Madln ist, stellt man sich eigentlich unter ihr eine weiße
    Frühlingsgöttin vor, an Ostaras Platz, aber da hat ja die
   Christliche Auferstehungsgeschichte Vorrang gehabt. Schade eigentlich, das
   hätte sich doch sicher wie mit der Margareth und der Katharina verbinden
   lassen. Aber schön andererseits, denn so hat Barbara die Funktion der
   „Ins Licht Führenden" übernommen. Die dir das Fenster zu Gott/ Göttinnen
   hilft zu öffnen, wenn Du meinst, es geht nicht mehr und Du gefangen bist in deinem
   finsterem Turm. Wenn es am dunkelsten ist, pflücken wir Barbarazweige. Sie
   weisen uns zum Licht, wir wissen, sie werden blühen, wenn's am aller-
   finstersten ist – Weihnachten ! Ein Barbaraweizengärtlein anzulegen, das
   auch andernorts Adonisgärtlein heißt, ist außerdem ein wunderbarer Brauch
   für diesen Tag.
    „ Auf St. Barbara die Sonne weicht, auf Luzia sie wieder herschleicht"
    „ Barbara im weißem Kleid verkündet gute Sommerzeit"
    „ Gibt Barbara Regen, gibt der Sommer weniger Segen"

6. 12. HI. Nikolaus – dem Bischof aus Lyra, ca.350 als mildtätiger Bischof verfolgt und
   gefoltert, wurde große Ehre zuteil : bei den orthodoxen Christen, ist er der
   wichtigste Heilige überhaupt und bei uns ist er der von den Kindern erwartete(wegen
   der kleinen Geschenke) und doch gefürchtete(wegen der Kramperlbegleitung)
   Nikolaus. Da die Rute die er dabei hatte, eigentlich bei Berührung Fruchtbarkeit
   verhieß und nicht Bestrafung, mag Erni Kutter durchaus recht haben mit ihrer
   Aussage, die mit Sicherheit von diversen Theologen schon schwer diskutiert und
   wiederlegt worden ist : der Nikolaus übernimmt die Funktion des grünes Mannes(in
   einigen Südtiroler Darstellungen sehr eindeutig) und „ klaut" die drei goldenen Kugeln
   der Bethen(siehe Südtirol/ Klerant etc) um sie ihnen dann als großzügige Gaben
   wieder in die Bethen/ Betten zu legen ! Oder wie rum ? Tatsache ist, dass er die
   Bethenkugeln und Geberinnenkraft der Bethen nun für sich beansprucht. Schwer zu
   verstehen – also unbedingt Ernis Buch lesen oder nach Klerant bei Brixen reisen um
   den drei „Ur- bethen" zu begegnen ! Und bitte überall, wo der Nikolaus auftaucht,
   nach den drei Ausschau halten – sie sind zumeist ziemlich sicher da!
Der „übernachtsegenspendende" Mann wurde im Amerikanischem der
Weihnachtsmann und anderswo anders betitelt. Welch eine Ehre!
Hatten die Drei die Kugeln noch selbst, brauchten sie offensichtlich noch keinen Mann,
um Gnade zu erfahren ! (Siehe Klerant)
„Regnets an Nikolaus, wird der Winter streng und graus, Fließt an Nikolo noch
Birkensaft, kriegt der Winter keine Kraft !"

13. 12 Hl. Luzia

Vor Einführung des gregorianischen Kalenderers 1582 war der Luzientag der kürzeste Tag des Jahres.

Lucia, 286 in Sizilien geboren, die „Leuchtende",
verschenkte alle Reichtümer an die Armen & wollte keusch bleiben, wurde deshalb verurteilt und überstand eine Feuerhinrichtung ohne Schaden um dann hingerichtet zu werden.

Sie hat wohl die Funktion der vorchristlichen „Lichtbringerin" übernommen und wird noch in Schweden besonders gefeiert. Diese Nacht heißt in Schweden „modernatten", d.h. Mütternacht (so lautete auch die alte Bezeichnung bei uns für die Heilige Nacht am 24. 12 !) Die „Luciabräute" erscheinen dort mit Lebenslichtern auf dem Kopf, um Glück und Segen für das neue Jahr zu bringen.

Bei uns ist die Luzia gleich mit der Percht. Und die Percht heißt auch „die Leuchtende, Strahlende". So wie dann in den Rauhnächten, glaubte man durchaus, dass sie auch als „schiache Percht" erscheinen konnte, eben die, die richtet, bestraft und in den Chiemsee schmeißt.

Also war sie als Lutzelfrau, die bluadige Luz gefürchtet und erwartet und in Österreich die Begleiterin vom Nikolaus.

Wie auch immer ist es eine Perchtnacht, und das Gebot der Rauhnächte, nicht zu waschen & zu spinnen gilt auch in dieser Nacht.

Es ist ein wunderschöner Brauch in diesen Tagen in einem fießendem Wasser kleine Lichterschiffchen loszuschicken !

So wie an Barbara kann man heute Lucienzweige schneiden. Weizen , der heute angesät, bis 24.12 aufgeht, verkündet ein gutes Erntejahr.

„ Kommt die Hl. Lucia , ist die Kälte auch schon da ."
„ Geht die Gans zu Lucia im Dreck, geht sie an Weihnachten auf Eis"

Luciaimpressionen
2005

Heilige Katharina

Lehre uns
die Weisheit
mit Be – Geisterung
anzunehmen

im Lachen
in der Liebe
in der Herzöffnung

Lehre uns
ein Lehren voller
Freude, Tanz und Schönheit

Lehre uns
die Weisheit
deines Rades
und wie viel
die Leere mit der Lehre
zu tun hat

Heilige Barbara

Öffne mein
inneres Fenster
breche auf den Stein
meines Turmes
der Erstarrung
des Hinnehmens der Dunkelheit

Zeig mir den Weg
im Leben und im Tod
zum ewigen Licht der Liebe
zu einem Neubeginn
in der Dunkelheit

Lass in mir blühen und leuchten
das Unmögliche möglich werden
Süßer Blütenduft im tiefsten Winter

Zeig mir den Weg
zum geweihtem Licht
meiner Seele
zu den geweihten Nächten
der Geburt meines Lichts
So sei es

M. G. 2004

Rauhnächte & Percht & Heilige Mütternächte

Das Fest der Wintersonnwende hieß nicht nur in England „ Modranicht" , Nacht der Mütter, sondern auch in München wurde der Hl. Abend noch vor ca. 100 Jahren Hl. Drei Mütterabend genannt. Davon zeugt auch die alte Münchener Weihnachtslebkuchenform (abgebildet auf den „Münchner Stadtsagen" -leider schon lang vergriffen). Der Lebkuchen stellt diese 3 Mütter in Form von den drei bayrischen Madln Barbara, Margareth und Katharina dar. In Prien am Chiemsee hieß der Hl. Abend neben dem 5. Januar ebenfalls Heiliger Perchtabend.(Beschreibt so F. Hager !)
Wie ich dies alles gelesen hatte, fragte ich mich schon, was da passiert ist! Jahrtausende lang wurde offensichtlich die Große Mutter an diesem Tag geehrt, weil sie das Licht gebiert, auch das Licht in Form von Christus und jetzt dürfte ich dieses Wort „Mütternacht" nicht mehr in den Mund nehmen ??? Es waren diese Zwölf Nächte, in denen die Sonne stillzustehen scheint, immer schon eine heilige Zeit. Es waren auch schon in vorchristlicher Zeit geweihte Nächte. Daraus wurde im Mittelalter „Weihnachten", das Weihnachten feiern im heutigen Sinne hat sich erst in den letzten 100 Jahren entwickelt. Davor schien auch das Brauch –Tun bezüglich des Perchtsegens einen anderen Stellenwert gehabt zu haben , so wie es auch in den Sagen & Märchen deutlich wird !

Rückschau & Wiederholung : die Percht

Die Percht („perath" – leuchtend, glänzend), ist unsere Frau Holle, sie ist die alte Muttergöttin. Sie ist die Hüterin der Seelen und der Ahnen und aller unterschiedlicher Geister (scheane & schiache). Sie wohnt im Holunder und kann hier um Hilfe und Rat gebeten werden. Die Bauern haben noch vor 100 Jahren vorm Holunder den Hut gezogen und verehrten ihn als wichtigsten Hausschutzbaum (siehe Kapitel Holunder). Auch in den Rauhnächten wurden unterm Holler Opferspeisen für die Percht und ihre wilde Gjad hingestellt. Die Percht ist zuständig für das Wetter (siehe Frau Holle) und ihr Wind, der in den Rauhnächten über die Felder streift und die extra geöffneten Häuser durchbläst, bringt Segen & Fruchtbarkeit. Sie ist die Spinnerin im Wald und wacht über das Spinnen der Frauen und belohnt sie für ihren Fleiss. Ihr zu Ehren wurde das Spinnradl in den Rauhnächten zugehängt. Unnötige Hausarbeiten, so auch Wäschewaschen, wurden ihr zur Ehren unterlassen um für ihren Segen ganz bereit zu sein. Der Segen beinhaltet vor allem Gesundheit, Fruchtbarkeit und Gedeihen am Haus und Hof.
Sie ist die Kinderbringerin und holt sie aus dem Kessel des Chiemsee (das ist auch jetzt noch der Platz wo die Frauen bei Unfruchtbarkeit hinpilgern – Sel. Irmingard hilft mit!). In den Rauhnächten war sie aber auch unterwegs um zu richten. Alle, die sich etwas unterm Jahr zu Schulden kommen ließen, sollten aufpassen, nicht von ihr in den Chiemsee geworfen zu werden ! Wie dichtet Inge Doule so schön: *„ Und wird ein Bayer renitent, Frau Percht ein gutes Mittel kennt, dann packt sie ihn, den groben Lackel, und tut ihn ohne viel Gefackel, tief in den tiefsten Chiemsee tunken, tief zu den tiefsten Dickbauchunken!"* Und die Perchten? Die, wie sie so wunderbar in Kirchseeon wieder tanzen & stampfen ? Leuchtende Vertreter / Vorbilder der Percht, die mit ihrem Tun Segen sprechen, tanzen, singen, aber eben auch ein bisschen Angst machen. Da wo viel Licht ist, ist eben auch viel Schatten und so hat die Perchtmaske eine scheene und eine schiache Seitn. (Mehr dazu im „ PerchtenBrauch in Bayern" von der Perschtenstiftung.)

Und so ist die Percht eben vor allem die Große Wandlerin ins Licht. Indem sie dich mit deinen eigenen Schatten erschreckt oder spielen lässt (Perchten) segnet sie bereits und gebiert das Licht aus der Finsternis.
Große Mutter.

Die heiligen Zwölfen, ihre heiligen Nächte:

Auch alle zwölf Nächte wurden mancherorts die Mütternächte genannt. Es ist die Differenz zwischen dem alten Mondjahr und dem julianischen Sonnenjahr. Diese zwölf Tage/ Nächte, waren früher angefüllt mit Brauchtum und besonderen Regeln. Alles und alle
(Personen) können in diesen Tagen bedeutend sein. Da diese Nächte vor allem Lostage/ -nächte sind, weist sowohl das Geschehen des Tages als auch die Träume des nachts auf das Geschehen des kommenden Jahres hin. Orakelzeit & Wetterloszeit.
Zeit zum Losen und Segen empfangen heißt, sich nur mit den allernotwenigstem Tätigkeiten „arbeitsmäßig" zu befassen. Wir schaffen es doch auch zwei Wochen in den Urlaub zu fahren ohne zu waschen, also schaffen wir es sicher auch in dieser Zeit! Es lohnt sich auch den großen Hausputz auf die Zeit nach dem 6.1. zu verlegen! Wenn wir stattdessen mit Familie & Freunden eine gute, friedliche Zeit verbringen und so das kommende Jahr sozusagen prägen & vorbereiten, wäre das doch eine gute Idee, oder? Und nur Dinge zu tun, die leicht sind und unser kommendes Jahr damit mit mehr Leichtigkeit zu füllen! Ideen gäbe es genug , es geht einfach nur um ein sehr bewusstes Tun & NichtTun in diesen Tagen!
Wir können uns segnen lassen um Segen zu sein .

Gesegnet

seien die heiligen Nächte
gesegnet sei das Licht der Wegweisung
gesegnet sei das Lich,t das uns die Tür zur Liebe öffnet
gesegnet sei das Licht, das unser Herz weitet
gesegnet sei das Licht das alles Feindliche abhält
gesegnet sei das Licht, das uns die Sorge vertreibt
gesegnet sei dies durchleuchtende, erleuchtende, aufleuchtende
Weihnachtslicht der Mutter Percht!

Gesegnet seien uns die heiligen Zwölfen für
einen leuchtenden Neubeginn
im neuen Jahr !

So sei es
Amen

Die Rauhnachtslostage:

21. 12. Hl. Thomas „ Damerl mit dem Hammerl" (damit ist allerdings der Donar
gemeint). Heute ist die Wintersonnwende / Winteranfang. Dieser Tag, der
Winteranfang, ist ein wichtiger Lostag fürs Wetter & die Liebe! Traumorakel
bezüglich eventuellen zukünftigen Hochzeitern sollen heute begünstigt sein.
„ Finstere Thomasnacht, stets ein gutes Jahr gebracht"
„ Friert's an Thomas, fällt der Kornpreis, ist es mild, steigt er"

24. 12 Heilig Abend , Heiliger Perchtabend , Heilige Mütternacht
Dieser Tag war früher ein strenger Fastentag und angefüllt von vielen Ritualen.
Allen Elementen wurde geopfert: Gebäck für Brunnen & Quellen, Mehl für den
Wind mit dem Spruch "ich geb dir das deine, laß du mir das meine", "Feuerbrot"
fürs Herdfeuer, Gebäck für die Bäume „ Bam eßts", Perchtenteller für die Percht
wurden bereitet und unter dem Holunder und an die Fensterbank gestellt.
In dieser Nacht der Nächte wurde ausgeräuchert mit dem
Himmelfahrtsbuschn oder Weihrauch. Dies stellten sicher alles kultische
Handlungen zu Ehren der Percht dar. Der anschließende nächtliche Gang zur
Christmettn wurde dann der christliche Teil, in dem sich aber wieder allerhand
Magisches mischte. So erzählte man sich gern von einem Hexenschemel aus
neunerlei Holz, auf dem man in der Mettn böse Hexen erkennen konnte. Auch
wurde während der Mettn das Mettnschaitl ins Feuer gelegt, dessen Asche, wie
bei den Germanen der Julblock, bestimmte Heil & Segensfunktionen fürs Feld
erfüllte.

25. 12. 1. Weihnachtsfeiertag
„ Sitzn die Krähen Weihnachten im Klee, sitzen sie Ostern oft im Schnee"
„ Spielen am Christtag die Mücken, wird im Juni Kälte uns drücken"

26. 12. Stephanitag - das war der Tag zum Fensterln, Kletznbrotscherzln an den
Liebsten zu schenken – Fruchtbarkeitsriten eben – Stefanisalz & Weinweihe.

27. 12. Johannis - Johannisminne trinken – Versöhnungstag oder einfach Feiertag mit
Freunden (Liebe des Johannes zu Jesus !).

28. 12. Unschuldig Kindltag (Kindersegen) früher viele Fruchtbarkeitsriten, die Dirndln
wurden mit Immergrün" gekindelt" und bekamen dafür Schnaps. Anderswo hieß
dies „filzn" statt „kindln" und war ein sanftes „Ausstreifen" der Kinder, was
ihnen sicher nicht geschadet hat, so geladen wie Kinder in diesen Tagen eben sind.

31.12. Silvester - das alte Jahr verabschieden, Rückblick, Opfergaben für die guten
Hausgeister waren früher üblich, dass sie auch im neuen Jahr blieben,
das alte Jahr zur Tür hinauslassen oder fürs neue Jahr orakeln (Karten legen etc.)
Mit viel Lärm das alte Jahr verabschieden und das neue zu begrüßen war auch früher
schon üblich, wenn auch der Aufwand ein anderer war.
„ Windstill muß Silvester sein, soll das Korn und Wein gedeihen"

1.1.   Neujahr Hochfest der Gottesmutter Maria

Wer einem heute als erstes begegnet, ist richtungsweisend für das ganze Jahr.
Das neue Jahr feiert man erst seit 1691 heute – früher ist es erst am 6. 1. gefeiert
worden. Glücksbringer wie Schweinchen, Schornsteinfeger, Kleeblätter und
Hufeisen werden verschenkt.(Alte Glückssymbole)
*„Neujahr Sonnenschein lässt das Jahr fruchtbar sein", „ Wenn `s an Neujahr
schneit, gibt es viele Bienenschwärme".*

5.1   Hl. Perchtabend – dies war die wichtigste Rauhnacht: Nochmals wird der Percht
zum Essen hingestellt, vor allem Schmalzgebackenes. Um Mitternacht wurden die
Fenster & Türen geöffnet, um den Segen der Percht gut herein zu lassen. Wasser
das um diese Zeit geschöpft wurde, hat die größte Heilkraft und die besten Ruten
schneidet man auch während dieser Nachtstunde. Den Besen, den man in den
Rauhnächten herstellte, (eine der wenigen Tätigkeiten die der Percht gefiel), sollte
man in dieser Nacht fertig stellen. Mit solch einem Besen lässt sich Ungeziefer
besonders erfolgreich vertreiben.

„Schöne Percht" Maske vom
Kirchseeoner Perchtenlauf

6. 1   Hl. Drei König - Großneujahr

Der 13. Tag der Zwölfen, der heutige Tag entscheidet, ob alles Losen stimmte oder
nicht. Dies betraf jedenfalls das Wetter und heute sollte auf jeden Fall die Sonne
scheinen. Es werden verschiede Dinge in der Kirche geweiht, die dann für allerlei
Segenshandlungen in den Einsatz kommen:
Dreikönigssalz: Zum Vertreiben von unangenehmen Geistern und zum Almauftrieb.
Dreikönigswasser: (von Drei Kirchen) – wirkt durch drei Mauern, Hausschutz etc.
Haussegen, den jetzt die Sternsingergruppen der Pfarrei bringen , der aber durchaus
auch von den Hausbewohnern selbst durchgeführt wird :
Auf die Tür : Jahreszahl und C + M + B   Caspar, Melchior, Baltasar, wie die
drei Könige hießen oder : „ Christus mansionem benedicat" - Christus segne dieses
Haus, so wie es heute die Sternsinger sagen, oder:
Catharina , Margaretha, Barbara – was mir mittlerweile einige alte Bäurinnen
bestätigt haben und was durchaus wahrscheinlich ist, da auch dies ein vorchristlicher
Brauch ist. Die Chiemgauer Bauern malten übrigens vor 100 Jahren noch einen
Drudenhax (Pentagramm) zur Sicherheit dazu.
Alle Räume, Felder begehen, räuchern, segnen mit Wasser (ob das von der Nacht
oder das aus den drei Kirchen wirksamer ist ?)
Nach dem Ende der Prozession, des Flurumgangs, ist Abräumen des Christbaumes
möglich, falls er nicht mitsamt dem Kripperl bis Lichtmess bleibt.
        Jetzt kann das neue Jahr mit Perchtensegen beginnen!

„Das ausgeblasene Licht"
Mein liebstes Rauhnachtsmärchen aus dem Chiemgau

Im Chiemgau, ganz nah bei der Hochries, da steht ein altes Bauernhaus. Im Winter, kurz nach Weihnachten in den heiligen Zwölfen, da zieht in jeder Nacht, die sie da auch Perchtanacht heißen, Frau Percht vorüber. Sie zieht vorüber und mit ihr die selige Schar der Heimchen. So geschah es einst jedes Jahr, dass die Bäurin von dem Hof am alten Hohlweg den Tisch mit Speis und Trank für die Frau Perchta gedeckt hat. Dies geschah aus alter Verpflichtung. Dann sprach nämlich Frau Perchta den Segen über die Gaben und Geber, kostete wohl und blieb dem Hof, der Sippe mit Feldern und Vieh übers Jahr gewogen. Es gab aber ein altes Gebot, dass keiner an dem Abend zum Luren rausging und Frau Perchta in frevelhafter Neugier störte, wenn sie sich schon einmal erquicken wollte.

An solch einem Abend, als die Bäurin den Tisch wieder mal mit großer Sorgfalt an der Schlucht gedeckt hatte, stieg gerade der Mond über den Bergwald herauf. Genau in diesem Moment wurde die jüngste Magd des Hauses von Zweifel und Neugier geplagt. Alsbald schlich sie hinüber zum Hohlweg und verbarg sich hinter dem Heuschober. Sie lugte nach dem festlichen Tisch, auf dem die Speisen dampften. So harrte sie ungeduldig, was sich begebe und trat von einem Fuß auf den anderen. Aber da wollte sich rein gar nichts tun. Kein Hase sprang über das Schneefeld, kein Vogel hing im vereisten Gezweig der Birke, die sich glitzernd wie ein Glasbaum über die Tafel bog. Es schäferte schon die Stille des Wartens zu ihr herein und das Mädchen verlor seinen Glauben an die Berichte der Alten.

Da endlich erhob sich feines Zirpen vom Bergwald her, wie Liedersingen und Saitenklang. Es kam näher mit trippelnden Schritten im weichen Schnee die selige Schar der Heimchen. Voraus schritt Frau Perchta selbst und um sie verdichtete sich der Mondschein als Glanz. Die Kleinen hingen ihr an und schlüpften unter ihren Mantel wie die Biberl unter die Federn der Henne. Andere summten und sangen zu Zither und Harfe mit silbernen Stimmen. Am Ende schleppten sich einige mit einem schweren Pflug, der schleifte über die Äcker hin. Auch Krüge mit goldenem Tau gefüllt trugen die Kleinen, der schwappte über und drang durch den Schnee in den schlummernden Boden.

Jetzt blieb Frau Perchta nachdenklich hinter dem Gabentisch stehen und sagte zu einem von den Heimchen: „ Da sind zwei Lichter, die sind zuviel, geh hin und blas sie aus!"

Das Mädchen hinter der Holztür verspürte den kalten Anhauch auf seiner Wimper und der Mondschein erlosch. Es stülpte sich über sie wie ein schwarzer Sack. Das schöne Singen vergrollte in Weh und Ach. Erschrocken stieß sie die Tür auf, aber auch dort draußen blieb sie in ihrer Lichtlosigkeit gefangen. Der Mond war tot.

So tappte sie weinend zum Hof zurück und suchte im Rauchfang das gewohnte Leuchten der Flamme. Aber die Herdglut biss nur ihre Haut und sengte die Wimpern, denn der Blick war erloschen. Blind war sie und geblendet blieb sie, und da half auch kein weises Sprüchlein.

Nun lebte aber auf diesem Hof eine uralte Frau. Sie war noch von der alten Welt, saß zu jeder Stunde am Herd, spann und roch das Unsichtbare.

Die Kunde von den alten Zeiten war ihr noch zugegen und sie wusste mehr von dem Wechsel und Wandel der Zeiten als all die anderen. Manchmal im fleißigen Spinnen hielt sie das Rädchen an, legte ihre welken Hände in den Schoß, blickte in weite Ferne und seufzte aus glücklicher Erinnerung: „Ach das waren noch Zeiten, als Frau Perchta spann", dann brach ein Leuchten aus ihren alten Augen hervor, als wäre die Angerufene persönlich eingetreten.

Nun musste also die sonst so flinke Magd bei der Alten am Herdfeuer sitzen und spinnen, Flachs brechen, hecheln oder sonst eine Arbeit tun, wie sie auch wohl ein Blinder zusammentastet. Aber sie saß da, steif und verstockt an der Glut, und ihre junge Seele war eingefroren vor bitterem Harm. So verharrte sie in all den Wintertagen und kein Trost der Alten vermochte sie zu erwecken.

Als aber der Frühling aus allen Büschen brach und das erste Vogellied aus dem Blumengarten herüberwehte, da taute ihre Seele wieder auf und die Geblendete rief in plötzlicher Freude : „ Hörst du Großmutter, so hör doch wie der Vogel ruft. Was er wohl weiß, was er wohl will? Ach wer nur die Sprache der Tiere verstünde, was möchte man da alles erfahren!"

Da lächelte die Alte und sprach:" Auf dieses Lied habe ich lange gewartet. So will ich dir nun aus alter Erfahrung erzählen, was mir für Kunde ist über die Zeiten, da Frau Perchta noch überall unter den Menschen gewirkt hat."

Sie knüpfte einen Faden an den alten und erzählte von der Waldfrau, der Spinnstuben-Muhme, der Herrin des Rosengartens und der Mutter der Heimchen. Immer neue Geschichten lockte die Junge aus ihr heraus und erhellte damit ihr dunkles Jahr, bis wieder die heiligen Zwölfen kamen.

Schon duftete es im Garten nach Honigkuchen und süßem Gewürz, schon schwang die Verheißung vom Kind über die ganze Erde hinaus, schon rüstete sich die versunkene Sonne zur Wiedergeburt aus dem Schatten der Wendenacht. Oft lag das Mädchen wach auf seinem Lager und bedachte alles, was der alten Großmutter Mund ihr verkündet hatte. Sie hatte sich selber wie in einem Spiegel gesehen, durch die ihr die inneren Augen geöffnet waren. Sie hatte dies alles gelebt und gelitten wie eigenes, und da sie nun hinauslauschte in die Nacht aller Nächte, da wusste sie, dass die Erfüllung vor der Tür stand. So lag sie dann und wartete auf die Stunde, da gewahrte sie vom Kuhstall her ein sonderbares Getue. Sie hörte, wie der Stier seine Hörner am Krippenholz wetzte. Und sie vernahm deutlich aus seinem wiederkäuenden Maul die dunklen Worte: „ Du",sagte der Stier zur Kuh ,weißt Du auch schon dass die Perchta der Blinden verzeihen will?" da antwortete die Kuh: "Du weißt Du auch schon, dass sie die Blindheit vom Mädchen nehmen will", „ Wie soll aber das geschehen?" fragte der Stier. „ Es wird so geschehen, wie Frau Perchta der alten Großmutter verkünden wird" sagte die Kuh. Dies alles geschah dem Mädchen wie im Traum. Mochte kein Glied zu rühren und es war diese Nacht voller verworrener Stimmen und dunkler Gesichter. Am Morgen berichtete sie der Alten, was ihr die Tiere berichtet hatten. Da sagte diese:" In dieser Nacht sah ich Frau Perchta über die Berge gehen, sie sah aus wie meine selige Mutter, grüßte vertraulich und gab mir eine Bestellung mit. Du sollst ihr am Perchtenabend an der Schlucht den Tisch bereiten, dort will sie dir noch mal erscheinen."

Ein Wort stützt nun das andere und so mag es denn wohl geschehen.

Die Sonne sank in der zwölften Nacht, da nahm die alte Großmutter das blinde Mädchen zur Hand und ging mit ihr hinauf zum Hohlweg. Unter der Birke schlug nun die Blinde den Tisch auf, bereitete weißes Linnen darüber, strich das Tuch mit Sorgfalt glatt und rückte Schüsseln und Krüge zurecht. Aus ihren tastenden Händen schlug der Blinden das Bild vom letzten Jahr wieder herauf, wo sie beim Blick auf diese Gaben in ewige Nacht gefallen war. Ihre Augen wurden zu zwei lebendigen Brunnen und die salzigen Tropfen sickerten in das weiße Linnen.

Da hörte sie eine gütige Stimme, die fragte ganz dicht über ihren Augen: „Der Mond der scheint, wer barmt, wer weint?"

„Ach", so klagte das Mädchen sich schuldig." Ich wollte Frau Perchta mit den Augen sehen und das war doch gegen ihr Gebot, ich glaubte es nicht und verlor den Mond, die Sonne und aller Dinge Leuchten."

Da sagte Frau Perchta, denn sie selber war ja gekommen mit ihren Heimchen: „Das soll wohl war sein. Vor einem Jahr habe ich an dieser Stelle zwei Augen gelöscht und dafür zwei innere Lichter angezündet. So trage denn doppeltes Licht. Geh hin und vergiss das Beste nicht."

Und sie blies dem blinden Mädchen in die toten Augen, also das Licht aufblühte mit all seinen Sterne und alles ringsumher schien wie im Jahr zuvor.

Der Mond schien auch, der Tisch war zubereitet unter der glitzernden Birke, doch Frau Perchta mit ihren Heimchen war schon längst über alle Berge gezogen. Von fern nur wehte es wie Gesang und Saitenspiel.

Quelle : „Rauhnächte"
von Sigrid Früh

Danke

Danke an dich liebe Marosi, für dein „einfach" DA sein & deine Geduld & deine wunderbare Freundschaft & deine Kochkunst, mit der ich in den Schreibpausen verwöhnt wurde! Ich danke dir besonders für deine humorvolle Kritik und dass du mich bestärkt hast, zu meinem „hässlichen Entlein" (1. Ausgabe mit vielen Fehlern & schlecht gebunden) zu stehen und diese 2. Ausgabe auch selbst zu verlegen!

Danke an meine lieben Kinder Maximilian , Michaela, Florian und Sebastian, die ihr mich immer lehrt, was in der Mitte stehen heißt und wie wichtig dies für all unser Tun ist, vor allem, wenn wir wirklich Verantwortung für unser Maß übernehmen wollen!

Danke an dich Daniela, für deine lektorischen Dienste und deine Be-geisterung!

Danke an dich Cordula, für dein lektorisches Nachkorrigieren der ersten Ausgabe!

Danke Frank und Ewald & Margarete für das „ Querlesen" und Danke für eure Kritik!

Danke an Alle, die auf dieses Buch gewartet hatten und mich immer wieder bestärkt und ein bisschen getrieben haben, es einfach zu tun, dafür danke ich vor allem Dir liebe Hexenfreundin Agnes!

Danke an alle, die schon vor mir Bücher geschrieben haben, die ich verwenden durfte!

Danke an alle ExkursionsteilnehmerInnen und KräutergartenbesucherInnen, von euch habe ich sehr viel lernen dürfen und wertvolle Hinweise erhalten!

Danke der Percht / Artemis/ Sophia für die Begleitung!

Zum Weiterlesen / Quellen

Auer Martin / Wolfsgruber Linda " Von den Wilden Frauen" Publication PN1
Bader Marlis „ Räuchern mit heimischen Kräutern" Kösel
Becker – Huberti Manfred „ Feiern, Feste, Jahreszeiten" Herder
Berendt Joachim- Ernst „ Das dritte Ohr" rororo
Bilgri Anselm Pater „ Finde das rechte Maß" Piper
Bolen Jean Shinoda „ Göttinnen in jeder Frau" Heyne
Budapest Zsuzsanna E. „ Das magische Jahr" Sphinx
Couplan Francois „ Wildpflanzen für die Küche" AT Verlag
DAV „ Pflanzengeschichten" Deutscher Alpenverein
Einmayr Max „ Inntaler Sagen" Meißner Druck, Oberaudorf
Fink Hans „Salige und Unholde" Athesia
Fleckinger Angelika „ Der Mann aus dem Eis" Folioverlag
Francia Luisa „ Mond, Tanz, Magie" Frauenoffensive
Francia Luisa " Drachenzeit" Frauenoffensive
Früh Sigrid " Rauhnächte" Stendel
Godwin Malcolm „ Der heilige Gral" Heyne
Gruber Karl „ Geheimnisvolles Südtirol" Athesia
Haid Hans „ Mythos und Kult in den Alpen"
Hager Franziska / H. Heyn „ Drudenhax & Hallelujawasser" Rosenheimer
Helm Eve Marie „ Feld – Wald- und Wiesen- Kochbuch" Heyne
Hirsch Sigrid „ Die Kräuter in meinem Garten" freya
Kalteiß Ewald „ Blitze, Donner, Wasser" u. a. Hensch E. verlag
Kroher Anna „ Im Bannkreis der großen Ache" Verlag Breit Th.
Kutter Erni „ Der Kult der 3 Jungfrauen" Kösel
Läpple Alfred „ Mit den Heiligen durchs Jahr" Ludwig
Lüdeling Hartmut „ Handbuch der Radiaesthesie" Hensch E. Verlag
Mc Coy Edain „ Die keltische Zauberin" sphinx
Michels Bernhard „ Der immerwährende Natur & Wetterkalender" BLV
Moutain Dreamer Oriah „ Die Einladung" Arkana
Müller Dagmar „ Mein Buch fürs ganze Jahr" Kösel
Noble Vicki „ Mythen, Musen und Tarot" Frauenoffensive
O`Donohue John „ Anam Cara" dtv
Pahlow M. " Heilpflanzen" Gräfe und Unzer
Paungger Johanna „ Aus eigener Kraft" Goldmann
Perschtenstiftung Kirchseeon „ Perchtenbrauch in Bayern"
Picton Margaret „ Geheime Zauberkräuter" Bassermann
Resch- Rauter Inge „ Auf den Spuren der Druiden" teletool
Ruland Jeanne „ Im Reich der Naturgeister" Schirner
Schinzel- Penth Gisela „ sagen und Legenden im Chiemgau" Ambro
Schroer Silvia „ Die Weisheit hat ihr Haus gebaut" Grünewald
Spendel Aurelia „ Auf dem Weg des Lebens" ViVA
Stamer Barbara „ Schlangenfrau & Chaosdrache" Kreuz
Steinbachs Naturführer „ Beeren, Wildgemüse, Heilkräuter" Mosaik

Storl Wolf- Dieter „ Pflanzen der Kelten" AT Verlag
Walker Barbara G. „ Das geheime Wissen der Frauen" Arun
Weed Susun S. " HeilWeise" Frauenoffensive
Winter Miriam Therese " Das Evangelium der Maria" Claudius
York Ute „ Mondmagie & Liebeszauber" Knaur
Zeus Verena „ Runen" Orbis
Ziegmann Max „ Aschau, wie es früher war" Selbstverlag

Möglicherweise habe ich jemand vergessen, dann tut es mir leid, es sind mit Sicherheit noch mehr Werke irgendwie mit mir und meiner Arbeit verflochten!

Andere Quellen :

Begegnungen, Gespräche, Erfahrungen an den Orten, mit den Menschen, den Pflanzen, Tieren, Steinen, Federn ...

Mehr Vernetzung, meine aktuellen Veranstaltungen u. a. findet ihr unter :

www.alte-wege-neu-gehen.de